SCM

Stiftung Christliche Medien

MIX
Papier aus verantwortungsvollen Quellen
FSC® C006701
FSC www.fsc.org

Bodenborn 43, 58452 Witten
Internet: www.scm-collection.de; E-Mail: info@scm-collection.de

Umschlaggestaltung: Marion Lüchtenborg, www.luechtenborg.com
Titelbild: Anette Linnea Rasmus/Fotolia.com
Satz: Breklumer Print-Service, Breklum
Druck und Bindung: CPI-Ebner & Spiegel, Ulm
Gedruckt in Deutschland
ISBN 978-3-7893-9642-7
Bestell-Nr. 629.642

Seine Güte hört niemals auf

Mutmachgeschichten

Zusammengestellt von Nadine Weihe

Großdruck

SCM Collection

Inhalt

Teil I: Gnädig und gütig

Mike Yaconelli

Der Fliesenleger

Einige Jahre lang arbeiteten meine Frau und ich ehrenamtlich bei einer sozialen Vereinigung mit, die sich „Young Life“ nannte. Wir begleiteten einen jungen Mann, der ein Jahr lang eine sehr schwierige Zeit durchmachte. Er hatte Probleme in der Schule, kam immer wieder mit dem Gesetz in Konflikt und landete in der Jugendstrafanstalt. Sein Zuhause war ein einziges Chaos. Der Vater, ein Alkoholiker, misshandelte die ganze Familie seelisch und körperlich. Meine Frau und ich freundeten uns mit dem Sohn an. Sechs Monate lang kümmerten wir uns intensiv um ihn, während sein Vater auf Entzug ging.

Wir hätten die ganze Geschichte wahrscheinlich vergessen, wären nicht an unserem Haus einige Renovierungsarbeiten fällig geworden. In unserer Küche sollten die Fliesen erneuert werden, und weil wir in einer Kleinstadt wohnen, bestellten wir die Fliesen in einer größeren Stadt hundert Kilometer entfernt. Daraufhin rief uns die Fliesenfirma an und teilte uns mit, dass sie erst in drei Wochen einen Fliesenleger für uns hätten. Die Lösung wäre, einen Fliesenleger vom Ort zu nehmen. Wir hatten nichts dagegen – bis wir seinen Namen hörten. „*Den Mann ganz sicher nicht!*“, schrie ich ins Telefon. „Der Kerl ist Alkoholiker, er schlägt seine Familie und ich habe nicht das geringste Vertrauen zu ihm!“ Es war der Vater des jungen Mannes, um den wir uns gekümmert hatten. Man versprach uns, jemand anderen zu suchen.

Doch zwei Tage später kam die schlechte Nachricht, dass mit Ausnahme dieses Mannes niemand für die Arbeit frei sei. Wir wollten die Küche möglichst schnell neu gefliest haben, deshalb sagte ich mit einigem Zögern zu. Meiner Frau erklärte ich: „Ich werde ihn mit Argusaugen beobachten. Er soll nur versuchen, uns zu betrügen!“ Ich verlangte einen Kostenvoranschlag von ihm, der sich für drei Tage Arbeit auf 350 Dollar belief. Jeden Tag bewachte ich den Fortgang seiner Arbeit. Am dritten Tag sah es so aus, als würde er termingerecht fertig werden. Ich ging zu ihm und sagte ganz nebenbei: „Wenn Sie fertig sind, kommen Sie bitte in mein Büro, dort schreibe ich Ihnen einen Scheck aus."

„Ach ja", erwiderte er. „Ich muss mit Ihnen noch über das Geld sprechen. Aber erst mach ich fertig."

Ich stürmte hinaus, lief in mein Büro (das in der Garage neben dem Arbeitszimmer meiner Frau liegt) und berichtete ihr wütend: „Ich hab's doch gewusst. Er will versuchen, uns zu betrügen und mehr Geld 'rauszuschlagen. Aber ich habe einen Vertrag und er bekommt keinen Cent mehr als vereinbart." Ich tobte und wütete noch eine Weile und wies dann meine Frau an: „Lass die Tür zwischen uns offen, dann kannst du hören, wie ich mit ihm fertig werde. Nicht einen Cent mehr soll er haben."

Um fünf Uhr nachmittags kam der Fliesenleger in mein Büro, setzte sich mir gegenüber an den Schreibtisch und begann, die Rechnung zu schreiben. Ich war bereit und warf mit der Entschlossenheit eines wild gewordenen Stiers einen kurzen Blick zu meiner Frau hinüber. Er reichte mir die Rechnung hinüber, zögerte einen Moment und sagte dann: „Vor ein paar Jahren hab' ich zu viel getrunken. Ich war alkoholabhängig und an einem Tiefpunkt in meinem Leben. Meine Familie hätte ich durch den Alkohol beinahe verloren. Ich habe meine Frau und meine Kinder misshandelt, besonders meinen ältesten Sohn. Aber Sie und Ihre Frau haben sich in den kritischsten Momenten seines Lebens, in denen er vor dem Abgrund stand, sehr um ihn gekümmert. Kurz danach bin ich auf Entzug gegangen und seitdem trocken geblieben. Ich habe es Ihnen zu verdanken, dass ich immer noch eine Beziehung zu meinem Sohn habe. Bisher konnte ich Ihnen meinen Dank nie zeigen, aber jetzt ist die Gelegenheit." Er reichte mir die Rechnung über 350 Dollar; quer darüber stand das Wort „BEZAHLT". Wir verabschiedeten uns und er ging hinaus.

Beschämt und unfähig, ein Wort herauszubringen, ließ ich mich auf meinen Bürostuhl fallen. Dieser Mann, ein Alkoholiker, der sich an seiner Familie vergangen hatte und kein Vertrauen verdiente, hatte gerade einem arroganten, selbstgerechten Snob gezeigt, was Gnade bedeutet. Ich war zu beschäftigt gewesen, um beim „Großen Abendmahl“ zu erscheinen, und er gehörte zu den Leuten, die gekommen waren. Die Gnade Gottes stellt alle gleich. Wir sind alle kaputt und voller Fehler und können keine Verdienste vorweisen. In der Kirche ist kein Platz für Stolz und Selbstgerechtigkeit. Uns allen wurde die Schuld „BEZAHLT“.

Walter Feldkirch

Der Martini-Beutel

Als ich 1946 Pastor in Südgeorgsfehn wurde, bestand in diesem kleinen Moordorf noch die schöne alte Sitte, das Martini-Fest jedes Jahr am 10. November, dem Geburtstag von Martin Luther, zu feiern. Und es war ein Fest für alle Kinder des Ortes, ganz gleich, ob sie nun evangelisch oder katholisch waren.

Wenn es am Martini-Tag zu dämmern begann, zogen die Kinder in Gruppen, mit brennenden Laternen in der Hand, von Haus zu Haus. Sie sangen das Lutherlied „Ein feste Burg ist unser Gott" oder – oft mehr schlecht als recht – ein Laternenlied in plattdeutscher Sprache. Nach der ersten Liedstrophe öffneten sich die Türen und die Hausfrauen gaben den Kindern Äpfel, selbst gebackene Kekse oder andere Süßigkeiten, die mit einem schnellen „Danke" im Martinibeutel verschwanden (Plastiktüten waren damals noch unbekannt).

Auch unsere Tochter Gunda, die gut vier Jahre alt war, wollte natürlich unbedingt dabei sein. Sie konnte ja auch schon ein Laternenlied singen; und dann bekam man Äpfel und Süßigkeiten – welches Kind verlangte in jener armen Zeit nicht nach solchen seltenen Kostbarkeiten!

Um Gundas Wunsch zu erfüllen, trafen wir die nötigen Vorbereitungen. Wir baten ein paar ältere Nachbarskinder, Gunda mitzunehmen, denn die Wege waren gefährlich, weil tiefe Gräben das Dorf durchzogen. Aber woher einen Beutel nehmen, wie ihn die anderen Kinder alle besaßen?

Oma wusste wie immer Rat. Sie nähte aus Stoffresten einen wunderschönen bunten Martinibeutel, groß genug, um viele Gaben aufzunehmen. Am oberen Ende wurde eine Kordel befestigt, sodass man ihn zuziehen und um den Hals hängen konnte.

Und dann war es endlich so weit. Die Nachbarskinder erschienen mit brennenden Laternen. Mutter zog ihre Tochter warm an. Oma hängte ihr den Beutel um und Vater zündete die Laterne an. Glücklicherweise war es ein windstiller Spätnachmittag, sodass die Laternen der Kinder nicht so leicht auswehen oder aufbrennen konnten.

Und dann zogen sie los. Gunda sang an allen Türen kräftig mit und steckte die guten Gaben freudestrahlend in ihren neuen Martinibeutel.

Als die Kinder Gunda zurückbrachten, war es schon ganz dunkel. Noch bevor sie den Mantel auszog, nahm sie den Beutel vom Hals, um die vielen guten Sachen auf den Tisch zu schütten. Aber was war das? Der Beutel war fast leer! Und trotz eifrigen Schüttelns lag nur ein erbärmlich kleiner Haufen auf dem Küchentisch.

Wie konnte das geschehen? „Ich habe unterwegs bestimmt nichts gegessen“, beteuerte das erschrockene Kind. Mutter untersuchte den Beutel genauer und stellte fest: „Er hat ja ein faustgroßes Loch!"

Aber wie kam das Loch in den fast neuen Beutel? Schließlich fand Mutter die Ursache: „Die Nähmaschine hat bei einem Teil der unteren Naht ausgesetzt." Und durch dieses Loch hatte die eifrige Martini-Sängerin die meisten Süßigkeiten unterwegs verloren.

Die Kleine weinte bitterlich. Erst als einige der Nachbarskinder von ihren Sachen abgaben, versiegten allmählich die Tränen.

Warum ich das nach vierzig Jahren heute erzähle? Wenn ein Jahr zu Ende geht, sollten wir den begangenen Weg dieser 365 Tage überdenken.

Ist es uns nicht ergangen wie der kleinen Martini-Sängerin? Wir sind Beschenkte! Wir haben an manche Tür geklopft und sind beschenkt worden: durch Menschen, denen wir begegneten oder die uns ein Stück unseres Weges begleiteten. Durch Ereignisse, die irgendwie unser Leben bereicherten. Wir erreichten beruflich ein gestecktes Ziel. Wir waren – abgesehen von kleinen Wehwehchen – gesund!

Und nun fürchte ich, dass das Missgeschick der kleinen Gunda auch uns manchmal betrifft. Ist es nicht so, als hätte unser Gedächtnis ein Loch, durch das wir alle diese Wohltaten unterwegs verloren hätten? Über den Misserfolgen und Unglücksfällen, die uns widerfuhren, vergessen wir, was Gott uns Gutes getan hat!

Martina Merckel-Braun

Der Pestpfarrer von Annaberg

In ihrem gleichnamigen Buch erzählt Gertrud Busch die wahre Geschichte des Pfarrers Wolfgang Uhle, der zur Zeit Martin Luthers im Erzgebirge lebte. Als junger Mann auf seiner ersten Pfarrstelle erschlug er im Zorn den ungerechten Dorfrichter, der ihn böswillig provoziert hatte. Uhle floh daraufhin in die Wälder, hoffte jedoch auf Begnadigung, denn er hatte die Tat im Affekt und aufgrund einer Verkettung unglücklicher Ereignisse begangen, und der niederträchtige Charakter des Richters war weithin bekannt. Der junge Pfarrer wurde jedoch zum Tode verurteilt, und man setzte eine Belohnung auf seine Ergreifung aus. Uhle hielt sich fortan in den Wäldern versteckt. In dieser Zeit schlimmster Entbehrungen flehte er immer wieder zu Gott um Vergebung für seine Tat. Er dachte auch des Öfteren daran, sich das Leben zu nehmen, da er für sich keinerlei Zukunft mehr sah. Aber der Glaube an Gott hielt ihn davon ab – er wollte trotz aller Verzweiflung dem Totschlag nicht noch die Sünde des Selbstmords hinzufügen. So überlebte er mehr, als dass er lebte, bis ihm nach fünf Jahren ein Wanderer erzählte, in Annaberg sei die Pest ausgebrochen und die Gemeinde suche verzweifelt nach einem Pfarrer, der die Kranken und Sterbenden betreue. Der vorherige Pfarrer sei vor der Seuche geflohen, und kein anderer sei bereit, diese Stelle zu übernehmen. Als Uhle dies erfuhr, war ihm, als habe Gott selbst ihn angesprochen. Er legte sein Leben ganz in Gottes Hand und teilte der Gemeinde Annaberg und dem Kurfürsten schriftlich mit, wo er sich aufhielt und dass er willens sei, der Gemeinde als Pfarrer zu dienen, wenn das Todesurteil aufgehoben würde. Falls nicht, wolle er sich diesem nun stellen. Bald kam die Antwort: Der Kurfürst begnadigte ihn, und die Gemeinde nahm sein Angebot dankbar an. So erhielt Uhle von Gott eine neue Chance, die er voller Hingabe nutzte. Er besuchte Kranke und Sterbende, gab ihnen menschlichen und geistlichen Beistand und tröstete die Hinterbliebenen. Auf die Frage, ob er keine Angst vor Ansteckung habe, entgegnete er, jeder Tag, an dem er noch leben und dienen dürfe, sei ihm von Gott geschenkt und sein Gebet sei: Wenn auch er die Seuche bekäme, so möge er sie als Letzter bekommen, wenn niemand mehr da sei, der seiner bedürfe.

Uhle blieb gesund, und nachdem die Epidemie vorüber war, wies man ihm eine andere Pfarrstelle zu. Die Menschen dort empfingen ihn mit offenen Armen, denn sie wussten nicht nur von seinem Verbrechen, sondern auch von seinem treuen Dienst in Annaberg. Er heiratete eine junge Frau aus der Gemeinde und führte mit ihr eine lange und glückliche Ehe, aus der mehrere Kinder hervorgingen.

Zeit seines Lebens war er voller Dankbarkeit dafür, dass Gott ihm nicht nur vergeben, sondern ihn auch noch einmal in seinen Dienst gerufen und ihm eine Familie geschenkt hatte.

Rolf-Dieter Wiedemann

Eine Entschuldigung, die sich lohnte

Tanja B. aus Gerlingen bei Stuttgart kaufte sich vor etlichen Jahren eine Eigentumswohnung. Ihr ehemaliger Freund, in der Immobilienbranche tätig, hatte ihr dazu geraten. Leider stellte sich die Wohnung schon bald darauf als Fehlkauf heraus. Das Vermieten und auch ein Verkauf der Wohnung wurden zu einem schier unlösbaren Problem. Die Eigentümerin musste sich verschulden. Ein Bekannter lieh ihr in dieser Zeit Geld, das sie längere Zeit nicht zurückbezahlte. Tanja schreibt:

Über Dritte erfuhr ich, dass der Bekannte, der mir das Geld geliehen hatte, Unwahrheiten über mich erzählen würde. Ich war sehr enttäuscht und beschämt. Ich wollte die Summe zurückzahlen und rief ihn an wegen der Bankverbindung. Zur Rückzahlung kam es erst einmal nicht.

Einige Leute, die mir sehr nahe stehen, sagten, ich solle das Geld als Wiedergutmachung für die Verleumdungen sehen. Neun Jahre lang handhabte ich es so. In all der Zeit meldete sich der Bekannte nicht. Immer fühlte ich mich unwohl und beschämt, da ich ja doch irgendwie in seiner Schuld stand. Dann wurde ich Christ. Ich las ein Buch, in dem es um das Thema Wiedergutmachung ging. Zwei Wochen lang bewegte Gott mein Herz sehr stark durch dieses Buch, aber immer wieder schob ich die Sache auf. Ich dachte: „Wie peinlich! Wenn ich ihn jetzt anrufe, dann legt er sicher gleich wieder auf, oder er beleidigt mich."

An einem Tag drängte es mich so stark ans Telefon, dass ich den Verleiher wirklich anrief. Erstaunt fragte er mich, warum ich mich nach neun Jahren wieder melden würde. Ich erzählte ihm, dass ich Christ geworden sei. Und dass ich nicht Unrecht mit Unrecht vergelten wolle, auch wenn er Unwahrheiten über mich verbreitet habe. Er meinte, dass das damals Gerüchte waren, und sagte: „Zahl, wenn du das Geld hast, aber lass uns persönlich darüber sprechen."

Wir verabredeten also ein Treffen. Doch bis dahin trafen noch zwei außerplanmäßig hohe Rechnungen bei mir ein. Ich kniete nachts am Bettrand nieder und sagte zu meinem Herrn: „Wie soll ich jetzt mein Wort halten? Du hast den Finger auf meine Wunde gelegt. Ich möchte es in Ordnung bringen. Und jetzt kommen neue Ausgaben. Jetzt musst du dafür sorgen, dass ich das hinkriege!"

Dann kam der Abend der Verabredung. Ich erzählte dem Verleiher von meinem Glauben an Jesus. Ich legte ihm einen Plan vor, wie ich die Summe in Raten zurückzahlen könnte. Doch er sagte, ich solle das alles zur Seite legen. Er habe das Geld schon lange abgeschrieben, und es würde ihm viel mehr bedeuten, dass ich nach so langer Zeit auf ihn zugekommen sei und mich entschuldigt habe. Er sagte: „Ich schenke dir das Geld."

Ich war beschämt und wollte es nicht annehmen. Da sagte der Atheist: „Überleg' es dir. Du glaubst doch an Gott. Dann solltest du das Geschenk annehmen können."

Im Nachhinein kann ich es nur so sehen: Aus meinem Verleiher hat letztlich Gott zu mir gesprochen. Ich musste daran denken, dass Gott ja auch seinen Sohn für uns hingegeben hat – unverdiente Gnade, sein Geschenk, und wie schwer fällt es uns oft, das anzunehmen.

Jürgen Werth

Mathe-Malheur

„Na", sag ich zu unserem Ältesten, „na, wie war die Mathearbeit?" In Mathe ist er nicht gerade 'ne Leuchte. (Von wem er das wohl hat ...) Und da ist man als Erziehungsberechtigter schon gespannt, wie's diesmal ausgegangen ist. Also: „Wie war die Mathearbeit?" Grinst er mich an, halb verlegen, halb verschmitzt, und sagt: „Weißt du, Papi, die Hauptsache ist doch: Wir sind gesund!"

Stand ich da. Das war ja nun wirklich keine

Antwort. Oder war's doch eine? Mir fiel ein: Viele Monate vorher hatte ich mal abends an seinem Bett gesessen. Er war geknickt, fast am Heulen. Da war an jenem Tag etwas total schief gelaufen in der Schule. Und ich weiß noch, womit ich ihn getröstet habe damals. „Klar", habe ich wohl gesagt, „man muss sich anstrengen. Von nichts kommt nichts. Man darf das nicht auf die leichte Schulter nehmen. Da hast du schon recht. Aber vergiss eins nie: Auch wenn du 'ne Fünf nach Hause bringst, bleibst du mein Schatz. Okay?"

Ob er da jetzt auch dran gedacht hat? Könnte ich mich ja eigentlich drüber freuen. Trotz verhauener Mathearbeit. Denn da liest man ja manchmal üble Geschichten: Kinder, die sich nicht mehr nach Hause trauen, weil sie wieder mal nur 'ne Fünf vollbracht haben oder – noch schlimmer – nicht versetzt worden sind. „Weißt du, Papi, die Hauptsache ist doch: Wir sind gesund!"

„Na ja, wichtiger als deine Mathearbeit ist das schon, viel wichtiger. Aber die Hauptsache? Die Hauptsache ist doch, dass wir uns lieb haben. Und dass wir miteinander wissen, dass Gott uns lieb hat. Dann kriegen wir das schon wieder hin mit Mathe. Dein Leben hängt ganz bestimmt nicht dran. Und meins auch nicht."

Jetzt ist er oben. Hört seine neue Britney-Spears-CD. Eigentlich – also ein bisschen lernen wär ja auch nicht schlecht. Obwohl: Hauptsache, wir wissen, Gott hat uns lieb. Dass du das jetzt nicht selber vergisst, Papi!

Teil II: Menschliches Miteinander

Noor van Haaften

Begegnung in Zell am See

Vor ein paar Jahren hatte ich eine besondere Begegnung mit fünf alten Freunden. Wir hatten einander etwa fünfundzwanzig Jahre zuvor als Mitarbeiter der christlichen Studentenmission in Österreich kennengelernt. Wir setzten uns gemeinsam für die Verkündigung des Evangeliums ein, organisierten Bibelkreise und Konferenzen für Studenten, hatten einen Büchertisch vor der Mensa und machten Straßenevangelisation. Es war eine spannende, intensive Zeit, in der wir miteinander und füreinander gebetet, füreinander gekämpft und miteinander gelitten haben, wenn es Schwierigkeiten oder Widerstand gab.

Dieses Stück gemeinsame Vergangenheit in Österreich hat uns zu Freunden fürs Leben gemacht, sechs Männer und Frauen aus Österreich, Großbritannien und den Niederlanden. Es war schon Jahre her, dass wir zum letzten Mal alle beisammen gewesen waren. Aber eines Tages beschlossen wir, uns wieder einmal zu treffen, selbstverständlich in Österreich.

Wir feierten unser Wiedersehen auf grandiose Weise, mit einem Lunch in dem noblen Grand Hotel in Zell am See. Es war ein strahlend schöner Nachmittag. Die Aussicht war herrlich, der spiegelglatte See glänzte im Sonnenlicht. An einem prächtig gedeckten Tisch auf der Terrasse am Wasser wurden wir sechs von sage und schreibe drei Obern bedient, die lange Schürzen trugen und bemüht waren, uns jeden Wunsch von den Augen abzulesen. Sie brachten uns große Teller mit exquisiten kleinen Häppchen, die unter silbernen Deckeln verborgen waren, die sie mit atemberaubender Präzision gleichzeitig und elegant entfernten.

Nachdem wir miteinander gebetet hatten und die ersten beiden Gänge hinter uns lagen, ergriff unser Gastgeber das Wort. Auch im Namen seiner Frau wollte er jedem Einzelnen von uns für unsere Freundschaft danken. Erst Janice, die nach jahrelangem Dienst in Österreich inzwischen woanders hingezogen ist. Ihr dankte Reinhard, weil sie in den ersten Jahren nach seiner Bekehrung seine geistliche Mutter und Ratgeberin gewesen war. Als Ältester in einer christlichen Gemeinde weiß er, wie wichtig es ist, wenn junge Christen Menschen finden, die sie begleiten. Und wie kostbar es ist, wenn jemand wirklich bereit ist, Zeit und Kraft in einen anderen Menschen zu investieren.

Nach Janice wandte Reinhard sich an mich und äußerte seinen Dank für unsere Freundschaft, in der ein bestimmtes Ereignis eine wichtige Rolle gespielt hat. Reinhards Frau Barbara hat damals während einer unserer Studentenkonferenzen zum Glauben gefunden. Sie hat eines Abends ihr Leben in Gottes Hände gelegt und ihn gebeten, ihr seinen Weg zu zeigen. Dass ich ein wenig Anteil an diesem großen Wendepunkt in ihrem Leben haben durfte, bewegt mich bis zum heutigen Tag. Wenn das zur Sprache kommt, gibt es beinah jedes Mal Tränen, sowohl bei ihr als auch bei mir. Wir sagen jedoch nichts über das Ereignis selbst. Es ist zu persönlich und zu kostbar, um darüber zu sprechen.

Dann kam die Reihe an John, einen begabten Bibellehrer, Referenten und Apologeten aus Großbritannien. Er wird weltweit eingeladen, um mit führenden Agnostikern oder Atheisten über den christlichen Glauben zu debattieren. Auch in Österreich hat er seine Spuren hinterlassen – durch seine Bibelauslegungen während unserer Studentenkonferenzen. Seine Einsatzbereitschaft hat vor allem seine Frau viel gekostet, denn dadurch lastete zu Hause oft die ganze Verantwortung auf ihr. Darum galt der Dank auch ihnen beiden.

Zum Schluss dankte jede(r) von uns allen anderen. Und Gott.

Sechs Menschen erlebten auf einer Hotelterrasse an einem österreichischen See einen heiligen Moment. Während ein Stück von uns entfernt die Straßen und Plätze von schwatzenden Touristen und Souvenirjägern wimmelten, blickten wir still und verwundert zurück auf das Werk, das Gott in Österreich und in unserem persönlichen Leben getan hatte. Nach fünfundzwanzig Jahren waren wir wieder beisammen, vielleicht hier und da etwas ramponiert und mitgenommen vom Leben, aber alle immer noch fest von Gottes Treue überzeugt. Und dankbar für unsere Verbundenheit in ihm.

Wie kostbar ist es, wenn Freundschaften über lange Zeit und weite Distanz hinweg erhalten bleiben. Wenn die Verbundenheit miteinander so tief und das gegenseitige Vertrauen so groß ist, dass man den Faden einfach wieder anknüpfen kann. Wenn Gespräche nicht an der Oberfläche bleiben, sondern in die Tiefe gehen. Wie kostbar ist es, wenn man gemeinsam beten und gemeinsam für das danken kann, was Gott getan hat.

Maria Luise Prean-Bruni

Gastfreundschaft in Rumänien

Ich durfte in den ersten Jahren, als die Grenze nach Rumänien geöffnet worden war, mit meinem Mann Herbert einige Hilfstransporte dorthin bringen. Wir waren überwältigt von der Gastfreundschaft dieser Rumänen, wie sie manchmal wochenlang gespart haben, um für uns einen Kuchen zu backen, und wie sie wirklich ihr Bestes gegeben haben, um uns ihre Gastfreundschaft zu beweisen. In jedem dieser armen Häuser sah ich irgendetwas, was schön war – ein geschliffenes Glas oder eine schöne Handarbeit. Ich habe nur hingeschaut und die Dinge bewundert. Aber unsere Gastgeber haben es beobachtet. Als ich dann wegfuhr, haben mir diese Menschen all die Sachen, die ich nur still und leise betrachtet hatte, geschenkt. Ich war so erschüttert und wollte diese Gaben zuerst gar nicht annehmen, aber ich wurde sehr ermutigt, es doch zu tun, denn ich hätte sie sonst sehr beleidigt.

Heute noch habe ich Sachen von damals bei mir zu Hause stehen, nicht weil sie künstlerisch wertvoll wären, sondern weil sie so viel Liebe ausdrücken. Ich habe mich auch einmal mit einer guten Freundin ausgetauscht, die ebenfalls häufig in Rumänien war, und ihr mein Problem erzählt, und sie meinte daraufhin: „Mir ist es genauso gegangen. Ich habe dann bewusst nur noch auf den Boden geschaut und nichts mehr angesehen. Zum Abschied haben mir meine Freunde ihren Teppich geschenkt!“ Wir mussten beide herzhaft lachen. Das ist wahre Freigebigkeit.

Viel von unserm Leben besteht jedoch leider aus Nehmen. Schau einmal auf dich und beobachte, wie viel du nimmst. Überall dort fang an zu geben: Wo du Anerkennung erwartest, gib Anerkennung, wo du Liebe erwartest, gib Liebe, wo du Geduld erwartest, gib Geduld, wo du Zeit erwartest, gib Zeit ...

Als junger Mensch war ich sehr einsam und da riet mir meine Mutter, ich solle Zeit verbringen mit jemandem, der noch einsamer ist als ich. Jedes Mal, wenn ich mich wieder so allein fühlte, rief ich jemanden an, von dem ich wusste, dass er auch einsam war, und schlug vor, gemeinsam etwas zu unternehmen. Am Abend war ich jedes Mal erstaunt, wie gesegnet und erfüllend der Tag für uns beide war.

Willst du gelobt werden, fang an, deine Kinder, deinen Mann oder deine Schwiegermutter zu loben. Du wirst staunen über das Ergebnis, wenn du beharrlich dranbleibst, zu loben!

Gary Thomas

Der 15-Kilometer-Lauf

Mein 18-jähriger Sohn und ich entschlüpften für einen spätdezemberlichen Lauf in die Wüstenluft. Wir hatten eine Woche mit meinen Schwiegereltern in Südkalifornien verbracht. An unserem letzten vollen Tag in Palm Desert wollten wir es ausnutzen, unter einem blauen Himmel zu laufen, ohne Regenklamotten, bevor wir in den immerfeuchten Nordwesten der USA zurückkehrten.

Wir entschieden uns für einen 15-Kilometer-Lauf, der während der ersten Hälfte bergauf ging. Mit einem Highschool-Crossläufer zu joggen ist, als wolle man mit einem Gepard mithalten. Wenn Graham ein entspanntes Tempo geht, entspricht das bei mir schon einem Sprint. Ein Vater kann sich alt fühlen – wirklich und wahrhaftig alt –, wenn er mit seinem Teenager läuft, aber ich war in Marathonform und dachte, ich könnte es mal ausprobieren.

Nach fünf Kilometern schlug mein Sohn vor, einen Seitenpfad zu nehmen, den ich für mich nie in Erwägung gezogen hätte. Ich halte mich wie besessen an Hauptstrecken, aber ich wollte Zeit mit Graham verbringen, also folgte ich ihm auf diesem abseitigen Weg, der uns schließlich zu einem weit offenen Wüstengebiet führte, berauschend in seiner Weite. Wir fühlten uns, als würden wir auf Wolken laufen.

Graham lief weiter, nun grinsend, jagte wie ein trittsicherer Ziegenbock einen kleinen Hügel hinauf und um ihn herum, während ich wie eine tollpatschige Kuh um die Ecke stippelte. Wir erreichten schließlich eine noch größere Fläche, und die Schönheit der Wüste hätte uns beinahe umgehauen. Während unser Puls stieg und die Sonne herunterbrannte, verloren wir uns beide zur selben Zeit in dem berühmten Rausch der Langstreckenläufer – etwas, was man nie planen oder erzwingen kann, was sich aber herrlich anfühlt, wenn es einem widerfährt. Noch besser: Als wir die 7,5-Kilometer-Marke erreichten, kehrten wir um und rannten von nun an bergab. Als ich kurz vor dem Ziel meine Uhr kontrollierte, hatten wir 4 Minuten und 12 Sekunden für den letzten Kilometer gebraucht, was für mich am Ende eines 15-Kilometer-Laufs an ein Wunder grenzte (und für Graham eine gerade noch akzeptable Auslaufgeschwindigkeit war).

Was für ein Adrenalinschub!

An diesem Morgen betete ich Gott intensiv und lange an. Ich war ihm gegenüber so dankbar, dankbarer, als ich es je beschreiben könnte, dass Graham und ich diesen Moment miteinander hatten teilen können. Wir hatten bedeutsame Gespräche, schwierige Gespräche und gelegentlich sogar peinliche Gespräche gehabt (all das normale Zeug zwischen Vater und Sohn, wie es in jeder Familie vorkommt) – aber was für ein Segen, dass wir solch eine auserlesene Zeit des Vergnügens miteinander erleben konnten.

Das sind die Zeiten, die ich festhalten möchte. Das sind die Familienmomente, die ich in Ehren halte.

Noor van Haaften

Streit im Auto

Eines Tages war ich um die Mittagszeit mit dem Auto auf dem Weg nach Hause. Während ich mich einer Ampel näherte, sprang sie auf Gelb. Ich bremste ab und schaute automatisch in den Rückspiegel, um sicherzugehen, dass der Fahrer hinter mir gesehen hatte, dass ich nicht noch mal extra aufs Gaspedal getreten hatte, um gerade noch bei Gelb über die Kreuzung zu sausen. Zu meinem Schrecken sah ich einen rot angelaufenen, wild herumfuchtelnden Mann hinter dem Steuer sitzen. Zuerst dachte ich, dass seine Wut mir galt, weil ich abgebremst hatte, statt Gas zu geben – also verriegelte ich vorsorglich die Autotüren. Dann sah ich noch einmal in den Spiegel.

Der Mann tobte und zeterte immer noch. Er ballte die Fäuste und schlug unbeherrscht auf das Armaturenbrett. Seinem Blick und seinen Mundbewegungen nach zu urteilen, waren die Ausdrücke, die er von sich gab, nicht gerade vornehm. Sein Ausbruch galt, wie ich inzwischen begriffen hatte, seiner Frau, die still neben ihm saß und ihn toben ließ. Wahrscheinlich hatte sie durch frühere Erfahrungen gelernt, dass es in solch einem Moment das Beste war, einfach den Mund zu halten.

Da fuhr der Wagen hinter mir plötzlich mit quietschenden Reifen an und scherte hinüber in die Rechtsabbiegerspur. Dort überfuhr der Mann die rote Ampel, bog jedoch nicht ab. Stattdessen machte er eine Vollbremsung, riss die Autotür auf, stürmte nach draußen und ... rannte mit Riesenschritten und immer noch wild gestikulierend über den Radweg davon. Mein Nachbar auf der linken Fahrbahn und ich wechselten einen erschrockenen Blick und hielten den Atem an. Da stand der Wagen, quer auf der Straße, mit der Frau auf dem Beifahrersitz – der Mann war inzwischen um die Kurve verschwunden. Was würde nun geschehen?

Es dauerte nicht lange, da kam das so abrupt abgestellte Auto in Bewegung. Offenbar war die Frau auf den Fahrersitz hinübergekrochen und hatte den Motor angelassen. Und dann bog sie tatsächlich rechts ab. Als ich selbst weiterfahren musste, konnte ich mir nicht verkneifen, mich noch kurz umzuschauen, um zu sehen, wie es weiterging. Würde die Frau erhobenen Hauptes ihren Weg fortsetzen, oder würde sie es fertig bringen nachzusehen, wo ihr Mann geblieben war? Sie tat ... Letzteres. Ich sah, wie sie sich umschaute und dann an der Bushaltestelle um die Ecke anhielt, wo tatsächlich ihr zorniger Mann stand. Ich sah, wie sie sich über den Beifahrersitz beugte und ihm die Tür öffnete. Und wie er, ohne ein Wort zu sagen, einstieg, worauf sie ihren Weg fortsetzten.

Wenn ich heute über die Kreuzung fahre, wo dieser Vorfall stattfand, denke ich manchmal zurück an das Paar im Auto. Was der Anlass des Streites auch gewesen sein mag, es ist einfach traurig, dass ein erwachsener Mensch – denn dieser Mann war gut und gerne Mitte fünfzig – so wütend wird, dass er am helllichten Tag und mitten auf der Straße aus dem Auto springt und wegläuft! Und es ist beeindruckend, wenn die Partnerin eines solchen Hitzkopfes dann die Charakterstärke besitzt, es ihm nicht mit gleicher Münze heimzuzahlen, sondern ihn einfach wieder hereinlässt und mitnimmt. Wenn sie nicht Böses mit Bösem vergilt, sondern segnet, statt zu verfluchen. Ich ziehe meinen Hut vor dieser Frau. Und vor den vielen anderen, die Geduld und Liebe üben in Situationen, in denen es natürlicher wäre, mit Zorn und Hass zu reagieren.

Martina Merckel-Braun

Bruderliebe

Paul hatte von seinem gut verdienenden Bruder ein Auto bekommen. Es war ein Weihnachtsgeschenk, aber Paul hatte es schon einige Tage zuvor erhalten. Als er am Nachmittag des 24. Dezember sein Büro verließ und auf die Straße trat, sah er, wie ein Junge um seinen neuen Wagen herumging und ihn von allen Seiten begutachtete. Als sich Paul näherte, fragte der Junge: „Ist das Ihr Auto?“

„Ja.“ Paul nickte. „Mein Bruder hat es mir zu Weihnachten geschenkt.“

Der Junge sah ihn mit großen Augen an. „Wow“, entfuhr es ihm. „Ich wünschte ...“ Er zögerte einen Moment lang, und Paul wusste schon, was er nun sagen würde: „Ich wünschte, ich hätte auch solch einen Bruder!“ Aber er hatte sich geirrt. „Ich wünschte, ich könnte auch solch ein Bruder sein!“, vollendete der Junge seinen Satz.

Paul war gerührt und lud den Jungen spontan zu einer Spazierfahrt ein. Mit leuchtenden Augen nahm dieser an, und als sie unterwegs waren, bat er Paul, doch zu ihm nach Hause zu fahren. Paul bog in die ärmliche Straße ein, die der Junge ihm nannte. Innerlich schmunzelnd rechnete er damit, der Junge würde seinen Freunden einmal zeigen wollen, mit was für einem vornehmen Auto er sich herumkutschieren ließ. Aber wieder hatte er sich getäuscht. Nachdem sie vor dem Haus angehalten hatten, bat der Junge ihn, kurz zu warten, und verschwand durch die Tür. Bald darauf kam er zurück und trug seinen jüngeren, körperbehinderten Bruder auf dem Arm. „Siehst du, da steht es“, erklärte er dem Kleinen, „der Mann hat es von seinem Bruder geschenkt bekommen. Und jetzt hör mir gut zu: Irgendwann werde ich dir genau so ein Auto schenken, und dann kannst du in die Stadt fahren und all die tollen Weihnachtssachen in den Schaufenstern ansehen, von denen ich dir erzählt habe."

Tief bewegt hob Paul den kleinen Burschen auf den Vordersitz. Sein Bruder kletterte neben ihn und nahm ihn in die Arme. Die nun folgende Spazierfahrt durch die weihnachtlich geschmückte Stadt war eins der schönsten Erlebnisse, die Paul je hatte – und den beiden Brüdern ging es ebenso.

Pam Vredevelt

Flohmarkt-Schätze

Freitagmorgens stöbert Kelly gerne auf Floh- und Trödelmärkten jeglicher Art herum. Sie ist andauernd auf der Suche nach unerwarteten Schätzen, die irgendjemand für ein paar Cent loswerden will. Sie hat im Laufe der Jahre einige erstaunlich wertvolle Dinge gefunden, aber nichts war so kostbar wie das, was sie an Jennifers Stand entdeckte.

Die Frau hatte einfach zwei Tische auf dem Platz vor ihrer Sozialwohnung aufgestellt. Als Kelly dort vorbeikam, sah sie eine große Auswahl von Haushaltskrempel und Krimskrams darauf.

Hmmm, dachte Kelly. *Welche Kostbarkeit kann ich hier wohl finden?* Sie sah sich auf den Tischen um und nahm drei kleine Holzschnitzereien in die Hand, die mit Liebe zum Detail angefertigt waren. „Wie viel kosten die?“, fragte sie ohne aufzuschauen.

„Da muss ich meinen Freund fragen“, kam die Antwort. „Sie gehören seiner Mutter.“ Kelly blickte hoch und sah eine zierliche, müde aussehende Frau mit strähnigem langem, braunem Haar. Während Kelly weiter die Tische durchstöberte und Dinge, die sie interessierten, in die Hand nahm, zog die zarte Frau immer wieder an ihrer Zigarette, blies den Rauch zur Seite weg und begann, Kelly einige Geschichten zu erzählen. Ein bisschen über dies, ein bisschen über das. Aber am meisten über sich selbst. „Ich verliere meine Sozialwohnung, weil ich mich geweigert hab, die Miete zu zahlen, bis sie das Loch in der Zimmerdecke reparieren. Sie kümmern sich nicht um das Loch, also gehen wir. Dachte, ich mache ein paar Dollar, bevor sie mich aussperren."

Kelly ist ein freundlicher, mitfühlender Mensch und die Geschichte der Frau ließ sie innehalten. Sie blieb stehen, wandte sich der Frau zu, stellte die Dinge, die sie in der Hand hielt, hin und schenkte ihr ihre ungeteilte Aufmerksamkeit.

Erfreut redete die Frau weiter. Kelly erfuhr, dass die Frau zwei Söhne mit zerebraler Lähmung hatte. Tony war vierzehn und Chris zehn. Sie waren ihr Ein und Alles. Sie hatte den Vater der Jungen schon vor längerer Zeit verlassen, um ihr eigenes und das Leben der Jungen zu retten. Offenbar hatte er sie misshandelt, um sie unter Kontrolle zu halten. Überzeugt, dass nichts so schlimm sein konnte, wie mit diesem Mann zusammenzuleben, schnappte die Frau ihre Jungen, ließ alles hinter sich und saß auf der Straße.

Kelly fühlte mit der Mutter. „Ich heiße übrigens Kelly", sagte sie. „Ich freue mich sehr, Sie kennenzulernen." Sie streckte ihre Hand über den Tisch aus.

Fest schüttelte die Frau ihre Hand und antwortete: „Danke, ich bin Jennifer. He, schauen Sie! Da kommt Tony."

Ein junger Mann mit unsicherem Gang und einem breiten Lächeln, das jedes Herz anrühren musste, kam über den Parkplatz gelaufen. Jennifer stellte Kelly ihren Sohn vor, diese begrüßte ihn herzlich. Dann schickte Kelly sich an zu gehen. „Sind Sie morgen wieder hier? Dann komme ich wieder und frage nach diesen Figürchen, ja?", sagte sie.

Jennifer nickte und sagte, sie würde sich inzwischen nach dem Preis erkundigen.

Aber als Kelly an diesem Tag heimfuhr, wusste sie, dass sie wegen mehr als nur wegen der drei aus Holz geschnitzten Figuren wiederkommen würde. Gott hatte ihr klargemacht, dass sie sich um drei verletzte Menschen kümmern sollte, die dringend seine Liebe brauchten.

An diesem Abend saß Kelly mit ihrem Mann Aaron auf dem Sofa im Wohnzimmer und sah ihren Kindern beim Spielen zu. Jennifers Not bedrückte Kelly sehr. Wie konnte sie die Belastung ertragen, nicht zu wissen, wo sie und ihre Kinder als Nächstes hingehen würden?

Doch dann kam Kellys praktische Seite zum Vorschein. Sie erzählte Aaron von ihren neuen Freunden, und zusammen überlegten sie, wie sie helfen konnten. Sie beschlossen, dass sie Jennifer und die Jungen auf jeden Fall in ihrer Pizzeria mit Essen versorgen könnten. Wallstreet Pizza ist in der Gegend von Portland schon viele Jahre ein Begriff. Jeder weiß, dass Wallstreet die beste Pizza nach New Yorker Art in der Stadt hat. Aaron und Kelly konnten zumindest sicherstellen, dass Jennifer und ihre Kinder nicht hungern mussten. Sie konnten so viel Pizza, Salat, Sandwiches, Knoblauchbrötchen und Getränke haben, wie sie wollten.

Am nächsten Morgen ging Kelly zurück zu Jennifers Stellplatz, kaufte die drei feinen Holzschnitzereien und lud dann Jennifer und die Jungen für den Abend „zum Essen auf Rechnung des Hauses“ zu Wallstreet ein. Die Jungen strahlten und waren offensichtlich von der Aussicht auf Pizza, Cola und Flipper spielen begeistert. Die zwei Frauen unterhielten sich weiter.

„Gehören Sie zu einer Kirche?“, fragte Kelly, denn sie dachte, dass geistliche Unterstützung und Gemeinschaft während dieser Übergangszeit hilfreich sein könnten.

„Ich bin mal zu einer in unserer Straße gegangen“, antwortete Jennifer, „aber ich habe das Gefühl, dass ich da nicht hinpasse. Ich hatte schon öfter mal vor, woanders hinzugehen, aber alleine traue ich mich nicht. Würden Sie vielleicht mitkommen?“

„Natürlich!“, antwortete Kelly begeistert.

Am nächsten Tag schoben sich die beiden Frauen in die letzte Sitzreihe in der Kirche unweit von Jennifers Wohnung. Jennifer war allein gekommen. Sie wollte sich das Ganze erst einmal anschauen, bevor sie die Jungen mitbrachte. Sobald die Musik begann, wischte Jennifer sich Tränen aus den Augenwinkeln. Kelly legte ihr die Hand auf den Arm und drückte ihn sanft.

„Tut mir leid“, entschuldigte sich Jennifer. „Es ist nur, weil ich so lange allein kämpfen musste.“

„Ist schon in Ordnung“, versicherte ihr Kelly. „Alles wird gut werden.“

Kelly und Aaron spürten, dass sie Gottes Liebe weitergeben konnten, indem sie sich um die Familie kümmerten. Für die Übergangszeit mieteten sie für Jennifer und die Jungen erst mal ein Hotelzimmer, sodass die Familie eine Bleibe hatte, während sie auf Wohnungssuche ging.

Aber Zeichen der Liebe anzunehmen, die man nicht gewohnt ist, kann schwierig sein. Nach einigen Monaten ihrer Freundschaft brannte Jennifer durch. Sie fühlte sich nicht würdig, Kellys und Aarons Liebe zu empfangen, und schämte sich zu sehr. Da sie niemandem zur Last fallen wollte, verschwand Jennifer mit ihren Söhnen. Kelly und Aaron fanden später heraus, dass sie und die Jungen in einer feuchten, dunklen Kellerwohnung lebten. Als Jennifer nach einem gefährlichen Spinnenbiss ins Krankenhaus musste, nahm sie erneut Kontakt zu Aaron und Kelly auf. Wieder sprang das Ehepaar ein, um zu helfen.

Aaron und Kelly mieteten ein älteres kleines Haus auf einem kleinen Grundstück gleich hin ter der Kirche, die Jennifer besuchen wollte. Einige Frauen von Kellys Bibelkreis richteten alle Zimmer vollständig ein, und sie hatten Spaß daran, die Geschirrschränke mit hübschen Tellern, Schüsseln, Gläsern, die Kommoden mit Silberbesteck und Kochutensilien und den Kühlschrank mit so viel Essen auszustatten, dass sich eine Armee davon hätte ernähren können. Jennifer würde wochenlang nicht einkaufen müssen. Sie versahen das Badezimmer mit flauschigen, sauberen Handtüchern, Seifen, Cremes und allen Dingen, die eine Frau und zwei junge Männer brauchen würden.

Es war die Woche vor Weihnachten, und Sie müssen wissen: Wenn Sie Kelly zur Weihnachtszeit besuchten, würden Sie ein Winterwunderland betreten. Kelly ist eine erstklassige Dekorateurin mit einer echten Begabung, etwas Einfaches zu nehmen und es in etwas Besonderes zu verwandeln. So überrascht es nicht, dass sie und die Frauen Jennifers Haus auch für Weihnachten schmückten. Funkelnde helle Lichter glitzerten vom Kaminsims, und Weihnachtsmusik erfüllte den Raum, als Jennifer und ihre Jungen ihr neues Zuhause betraten.

Jennifer blickte im Zimmer herum, die Augen so groß wie Untertassen, weil sie es kaum fassen konnte. Sie brach in Tränen aus und schluchzte: „Solche Liebe habe ich noch nie erlebt!"

Als Kelly mir diese Geschichte erzählte, kamen mir selbst die Tränen. Ich kannte Jennifer noch nicht einmal, aber ich hätte sie am liebsten umarmt. Ich schluckte den Kloß in meiner Kehle herunter und fragte: „Kelly, wie hat das dein Leben verändert?" Ihre Worte klingen mir noch in den Ohren.

„Die Wahrheit ist", sagte Kelly, „ich brauchte Jennifer mehr, als sie mich brauchte. Sie hat mich viel über Gott gelehrt. Wenn ich mir anschaue, wie sie ihre behinderten Söhne aufzieht, während sie selbst an Hepatitis C und Gebärmutterkrebs leidet, fühle ich, wie sein Herz für sie schlägt. Gott hat sein Mitgefühl für sie in mein Herz gelegt – ich bin nur ein Gefäß, das seine Liebe weitergibt.

Und während der letzten eineinhalb Jahre, die ich Jennifer kenne, hat Gott mich einige Dinge über mich selbst gelehrt", gestand Kelly. „Er hat für mich neu definiert, was wahre Freude ist. Jedes Mal, wenn ich Jennifer umarme, ist die Freude so groß, dass ich das Gefühl habe, dass mein Herz gleich platzt. Diese Art von Freude kommt nicht davon, dass man ein großes Haus besitzt, ein erfolgreiches Unternehmen führt oder von irgendetwas, das man für Geld kaufen kann. Sie kommt als Belohnung von Gott, wenn ich mich von ihm gebrauchen lasse, damit er sein Ziel mit Menschen erreicht. Während ich etwas von mir hergab, empfing ich von ihm unendlich viel mehr als ich aufgegeben hatte.

Seit ich Jennifer kenne, habe ich mich mit einigen wichtigen Fragen auseinandersetzen müssen. Ich fühlte, dass Gott mich fragte:

Kann ich dir meine zerbrochenen Herzen anvertrauen? Wirst du mich anflehen sie zu verändern? Wirst du dein priesterliches Gewand gegen einen Mantel der Demut eintauschen?

Wirst du dein Leben für Menschen in Not opfern? Wirst du ihnen beistehen und ihre Hand halten, während ich sie verändere? Wirst du deine Hand in Liebe ausstrecken?

‚Wenn du das tust', schien er zu sagen, ‚werde ich dir zur Seite stehen und meine Hand auf die deine legen. Die Macht meiner Liebe wird dich stärken, und zusammen werden wir sie aus dem Dreck ziehen.'"

Jesus gibt uns das Gebot, „einander zu lieben“, damit unsere Freude vollkommen werde.

Kelly war bei einem Garagenverkauf auf der Suche nach ungeahnten Schätzen. Jennifer und ihre Jungen waren die unbezahlbaren Schätze, die sie fand.

Welche Schätze leben in Ihrer Nähe?

Teil III: Mit Gott unterwegs

Jürgen Werth

Eigentlich

Eigentlich wollte ich zur Stadtverwaltung. Dann ging ich zur Penne. Eigentlich wollte ich Theologie studieren. Dann wurde ich Journalist. Eigentlich wollte ich nach Bielefeld. Dann lag eines Tages dieser Brief aus Wetzlar im Briefkasten, vom „Evangeliums-Rundfunk, Programmdirektor Horst Marquardt". Sie hätten gehört, ich wäre Redakteur und es wäre eventuell möglich, meine Mitarbeit zu gewinnen ...

Eigentlich wollte ich zunächst immer etwas anderes. Eigentlich.

Das blieb auch beim ERF so. Eigentlich wollte ich zwischenzeitlich immer wieder mal weg. Eigentlich wollte ich nicht Chefredakteur werden. Und erst recht nicht Direktor.

Eigentlich.

Doch eigentümlich, Gott zog und drängte

und lockte und warb, bis er mich immer wieder da hatte, wo er mich haben wollte. Dieser liebevolle, geduldige, einfühlsame und konsequente Gott.

Als meine ERF-Geschichte begann, schrieben wir das Jahr 1973. Der ERF, der damals nur ausgeschrieben „Evangeliums-Rundfunk" hieß, war gerade ins neue Funkhaus am Berliner Ring eingezogen. Es gab rund 70 Mitarbeiter, und der Monatsetat lag bei 300 000 Mark ... Es gab die Doppelspitze Marquardt/Mann und eigentlich nur zwei Abteilungen: die Redaktion und die Verwaltung.

Mehr als 30 Jahre später ist nicht alles, aber doch fast alles anders. Und ich hab's miterlebt, ja sogar ein gutes Stück mitgestalten dürfen. So ist der ERF stattlicher Teil meiner Geschichte geworden. Und ich ein Teil seiner Geschichte. Wir sähen wohl beide ein bisschen anders aus, wenn wir einander nicht begegnet wären. Mehr als 30 Jahre am selben Arbeitsplatz – wenn ich das so erzähle, kommt's mir beinahe langweilig vor. Phantasielos. Doch was steckt nicht alles in diesen Jahren!

Ungezählte Sendungen zunächst mal. Mein erstes Highlight war die aktuelle Berichterstattung vom „Internationalen Kongress für Weltevangelisation“ in Lausanne. 1974 war das. Jawohl, ich bin Lausanner der ersten Stunde!

Mehr als 30 Jahre – das sind aber auch ungezählte Begegnungen. Von Cliff Richard über Manfred Hausmann und Corrie ten Boom bis zu Helmut Thielicke und Billy Graham und Gerhard Bergmann. Nein, eigentlich spannt sich der Bogen weiter. Bis zu den Mitarbeiterinnen und Mitarbeitern, die gekommen und manchmal wieder gegangen sind, und vor allem bis zu den unbekannten und dennoch so wichtigen Zuhörern, Zuschauern und Spendern. Das ist bis heute der kräftigste Motivationsschub für mich: Die Hand eines lieben Menschen zu drücken und zu hören, wie wichtig für ihn oder für sie das Programm des ERF ist.

Darauf kommt's wohl vor allem an im Leben: da sein, wo Gott einen haben will. Und etwas tun, das anderen das Leben leichter macht.

Aber nicht immer ist es leicht, das herauszufinden.

2003 wollte ich wieder mal weg. Hatte lange

überlegt und mit Gott und guten Freunden geredet. „Vater, zeig mir den Weg!“ Aber Gott verhielt sich ausgesprochen zurückhaltend. Ein Freund aus München sagte mir, wie das aus seiner Sicht so ist mit Gott und seinen Menschen: „Er sitzt neben dir auf dem Sofa, lächelt dir freundlich zu und sagt: Nun bin ich aber mal gespannt, wie du dich entscheidest.“

Will sagen: Ich muss nicht auf längst gelegten Schienen fahren. Gott erfindet mein Leben jeden Tag neu. Mit mir zusammen. Der Münchner Freund: „Lebensgeschichte ist Schöpfungsgeschichte.“ Ein spannender Gedanke.

Also entschied ich mich zu gehen. Und war innerlich längst weg, als erste Hinweise kamen, dass ich diese Entscheidung vielleicht noch einmal überdenken sollte. Hinweise von Menschen und, ja, wohl auch Hinweise von Gott. Und als mich der damalige ERF-Vorstand fragte, ob ich mir nicht vielleicht doch vorstellen könnte zu bleiben, begann der Entscheidungsprozess von vorn.

Und dann bin ich geblieben. Nein, ich bin zurückgekommen. Weil ich ja eigentlich schon weg war.

Eigentlich ...

Ja, das ist wohl so: Gott erfindet unser Leben jeden Tag neu. Es ist aufregend an seiner Hand zu leben.

Noor van Haaften

Eine Antenne für Gott

Eine ruhige Landstraße in Italien. Ich bin mit einer Freundin im Auto unterwegs. Es ist ein warmer Sommertag, wir haben die Fenster weit geöffnet und genießen die Landschaft. Sanfte Hügel, hier und da ein Weingut, Olivenhaine, ein dösender Hund auf den warmen Steinen einer ausgestorbenen Dorfstraße.

Wir fahren einen Hügel hinunter und erzählen ein bisschen miteinander. Doch dann werde ich von meiner Freundin unvermittelt zum Anhalten aufgefordert. Erstaunt tue ich, was sie sagt, ich trete auf die Bremse und bleibe mitten auf der Landstraße stehen. Als ich mich zu ihr umdrehe, um zu fragen, was der Grund für ihre Bitte ist, legt sie die Finger an die Lippen: „Psssst!“ Dann streckt sie einen Zeigefinger in die Luft, um anzudeuten, dass ich horchen soll. Das tue ich, aber ich höre nichts anderes als das Rauschen von Bäumen und das Summen von Insekten.

„Ich habe eine Nachtigall gehört“, sagt meine Freundin dann. „Gerade, bevor ich dich gebeten habe anzuhalten. Lass uns kurz warten, dann hören wir sie bestimmt wieder.“ Ich gucke sie sprachlos an. Wenn ich ehrlich bin, habe ich außer dem Brummen des Motors, dem Rauschen der Bäume am Wegrand und unseren eigenen Stimmen kein anderes Geräusch wahrgenommen. Wie ist es möglich, dass sie bei all diesen Hintergrundgeräuschen um uns herum noch eine Vogelstimme gehört hat und den fraglichen Vogel anhand seines Gesanges auch noch identifizieren konnte? Und worauf wartet sie jetzt eigentlich? Oder anders gesagt: Woher will sie wissen, ob er sich wirklich noch einmal melden wird? In diesem Moment fliegt ein seltsamer Vogel vorbei. Meine Freundin reißt die Augen auf. „Ein Wiedehopf“, sagt sie und vergisst vor lauter

Begeisterung beinah, Luft zu holen. „Den habe ich noch nie in natura gesehen!“

Ich bin kein Stadtmensch, ich bilde mir ein, dass ich mich ziemlich gut in der Natur auskenne. Aber meine Freundin ist mir um Längen voraus, wenn es um die Vogelwelt geht. Sie erkennt Vögel nicht nur an ihrem Aussehen, sondern auch an ihrer Stimme. Und sie weiß mit absoluter Sicherheit, was der betreffende Gesang zu bedeuten hat – sie erkennt die Stimme eines Männchens, das sein Territorium verteidigt oder ein Weibchen zu erobern versucht, das Rufen eines Weibchens, das seine Brut vor einer drohenden Gefahr warnt, oder das Trällern eines Vogels, der aus purer Lebensfreude ein Liedchen schmettert.

Diese beinah märchenhafte Kenntnis der Vogelwelt ist meiner Freundin nicht in die Wiege gelegt worden oder irgendwann auf mysteriöse Weise in den Schoß gefallen, sie hat sich diese Kenntnis erworben. Mit Blut, Schweiß und Tränen. Genauer gesagt dadurch, dass sie stundenlang Vogelbücher studiert hat, viele Fotos und Zeichnungen von Vögeln angeschaut hat und regelmäßig mit Vogelführer, Fernglas und Notizbuch unterwegs gewesen ist. Sie hat viel Zeit in der freien Natur oder auf einem Ausguck verbracht und sie hat viel gewartet. Sie hat unendlich viel Geduld aufgebracht, um jenen einen bestimmten Vogel zu sehen zu bekommen, auch wenn es vielleicht nur für eine oder zwei Sekunden war, sie ist in aller Frühe aufgestanden in der Hoffnung, eine junge Eule ausfliegen zu sehen, sie hat Wind und Wetter getrotzt, um Zugvögel zu beobachten. Sie hat CDs mit Vogelstimmen gekauft und wieder und wieder angehört. Sie hat mit anderen Vogelexperten Erfahrungen ausgetauscht. Kurzum, sie hat viel investiert, um die Vogelwelt kennenzulernen, und hat sich angewöhnt und darin geübt, aufmerksam auf die Stimmen und das Verhalten von Vögeln zu achten. So hat sie im Laufe der Zeit eine besondere Antenne für Vögel entwickelt. Sodass sie, wenn sie in einem fahrenden Auto sitzt und erzählt, eine Nachtigall singen hört. Und einen für uns Niederländer ziemlich ungewöhnlichen Vogel wie einen Wiedehopf sofort und ohne jeden Zweifel erkennt.

Dieses Erlebnis in Italien hat bei mir einiges bewirkt. Wenn ein Mensch eine Antenne für Vögel entwickeln kann, sollte er dann nicht auch eine Antenne für Gott entwickeln können? Anders gesagt: Könnte es möglich sein, eine gewisse Sensibilität für Gottes Handeln und Reden zu entwickeln? Sollten wir normalen Menschen es lernen können, in unserem normalen täglichen Leben inmitten all der Geräusche, die uns umgeben, seine Stimme zu erkennen? Sollten wir uns darin üben können zu verstehen, was er sagt? Ein faszinierender Gedanke!

Es gibt zahllose Bücher, von denen wir Menschen viel über die Vogelwelt lernen können, und ein großes und ausführliches (Hand-)Buch, die Bibel, das uns über Gottes Charakter, seine Handlungsweise und sein Reden aufklärt. Darüber hinaus haben wir in Jesus Christus das Ebenbild Gottes, des Vaters. Unser „Fernrohr" ist der Heilige Geist, der unseren Blick und unsere Perspektive verändert und uns Gottes Realität nahe bringt. Bleibt noch das Üben, das Warten und das Erwarten. Das frühe Aufstehen, um vor dem tagtäglichen Lärm neue Laute zu entdecken und neue Eindrücke zu sammeln. Und das Stillstehen und Ausschauen und Ohrenspitzen, wenn wir etwas von seiner Anwesenheit erspüren.

Mike Yaconelli

Das Garten-Raumschiff

Es war 1952. Auf der Tagesordnung meines zehnjährigen Lebens stand ein Punkt: Spielen. Jeder Tag brachte neue Herausforderungen, wenn ich mit meinen Freunden entscheiden musste, was wir machen wollten. Wir lebten in einem eher armen Viertel, das aber von Hunderten von Kindern bevölkert war. Wir fühlten uns gar nicht arm und dachten auch nicht darüber nach, was wir nicht hatten oder was uns „vorenthalten" wurde. Wir wussten nur, dass wir endlos viele Spiele spielen konnten – Murmelspiele, improvisierte Baseball-Wettkämpfe, Tischtennis-Turniere, Verstecken, Spritzpistolen-Kämpfe, Schwimmen im städtischen Freibad, Fahrradtouren zu der Zuckerrübenfabrik oder Entdeckungsreisen in Güterwagen auf stillgelegten Gleisen. Es gab kein Fernsehen, das uns ablenken konnte (die meisten Familien konnten sich keinen Fernseher leisten), keine Video-Spiele, die uns die Zeit stahlen, wir hatten nur unsere Fantasie.

Wenn ich auf diese Jahre zurückblicke, merke ich, dass wir immer mehr als genug neue Ideen hatten und voll beschäftigt waren. Ja, oft wünschten wir uns, die Tage wären länger. Natürlich gab es in Südkalifornien heiße Sommertage, die uns so schlapp machten, dass wir stöhnten, wir wüssten nicht, was wir noch machen sollten. Unsere Ferien dauerten schließlich drei Monate. Doch unsere Eltern kannten wenig Mitleid. „Es gibt immer was zu tun!“, war ihre Antwort. „Und wenn ihr nichts wisst, dann hab’ ich ein paar Aufgaben für euch.“ Da dauerte es nicht lange, bis wir selbst eine Beschäftigung gefunden hatten.

An einem Morgen im Juli, als meine Freunde und ich auf unseren Fahrrädern saßen, in den Tag hinein träumten und überlegten, welches Abenteuer heute auf uns wartete, rief Jimmy plötzlich aus: „Wir wollen ein Raumschiff bauen!“

Sobald diese Worte seinen Mund verlassen hatten, wussten wir: Das Schicksal hatte gesprochen. Drei Jungen aus der Evergreen-Straße sollten ein Raumschiff bauen. Niemand sagte mehr ein Wort, und doch war klar, was zu tun war. Unsere Aufgaben standen deutlich vor uns, jeder wusste instinktiv, für welchen Bereich er zuständig war. Jimmy, Sohn eines Amateurfunkers, wurde Nachrichtenoffizier und funktechnischer Leiter. Ich übernahm die Konstruktionsabteilung des Raumschiffs – mein Vater arbeitete bei Sears, einer wunderbaren Quelle für Raumschiffgehäuse, auch Kühlschrank-Verpackungen genannt. Außerdem war ich der Kapitän. Alan hatte die Logistik unter sich – sein Vater arbeitete am Bau und Alan war sehr stark. Er war auch unser Navigator.

Der Aufbau des Raumschiffs nahm drei volle Tage in Anspruch. Unser Garten wurde – sehr zum Ärger meiner Eltern – als Abschussrampe und Weltraumspielplatz auserwählt. In zwei Tagen schleppten wir die äußeren Teile des Raumschiffs an Ort und Stelle, an einem Tag bauten wir das Innere aus und an einem weiteren ganzen

Tag machten wir uns mit unserer neuen Umgebung vertraut, bis jeder seine Rolle kannte, sich in seinem Bereich des Raumschiffs wohlfühlte, alle Kommandos bekannt und die Reiseziele genauestens geplant und verstanden waren.

Wir wurden von der ganzen Nachbarschaft beneidet, denn wochenlang fanden bei uns täglich Raumflüge statt. Ich kann mich nicht mehr erinnern, wie viele Wochen es waren, denn während unser Raumschiff in Betrieb war, vergaßen wir die Zeit. Jeden Morgen konnten wir es kaum erwarten, unsere täglichen Pflichten im Haushalt zu erledigen und zum Raumschiff zurückzukehren. Die Zeit flog dahin. Den größten Teil des Sommers war unsere Welt das Raumschiff, wo wir auf wundersame Weise Einschläge von Meteoren überlebten, intergalaktische Kämpfe mit außerirdischen Feinden überstanden, ebenso wie Explosionen, Meutereien, schwarze Löcher und Angriffe mysteriöser Feinde.

Doch es gab auch viele andere Krisen zu überwinden – Jimmy wurde mit einer Woche Hausarrest belegt, als seine Eltern entdeckten, dass er sein Nachrichtenzentrum mit der teuersten Anlage seines Vaters aufgerüstet hatte (nachdem er eine Woche lang in der Garage danach gesucht hatte!). Ein Unwetter weichte die Kartons fast bis zum Einsturz auf, und die Box unseres Navigators wurde völlig zerstört. (Unser Navigator wurde daraufhin so böse, dass er drohte auszusteigen; wir mussten uns zwei Tage Zeit nehmen, um einen neuen Kühlschrank-Karton zu suchen und seine Station im Raumschiff wieder aufzubauen.)

Nie werde ich den Tag vergessen, an dem unsere traumhafte Weltraumreise endete. Offensichtlich hatten sich unsere Eltern am Tag vorher heimlich getroffen und beschlossen, dass es an der Zeit sei, das Raumschiff wegzuschaffen. Das Gras darunter war völlig kaputt, die Kartons waren durch den Tau vieler Nächte vom Einsturz bedroht und die Schule würde in zwei Wochen wieder anfangen. Es war kaum zu glauben, wie viel Müll sich den Sommer über in unserem Raumschiff angesammelt hatte. Es dauerte fünf volle Tage, bis wir den ganzen Abfall beseitigt und alles aufgeräumt hatten.

Was mir als Kapitän unseres Garten-Raumschiffs am besten in Erinnerung geblieben ist, war die Erfahrung einer rückhaltlosen Hingabe. Während wir in unserem Raumschiff spielten, fiel alles – unser Tagesablauf, unsere Beziehungen, unsere kleinen Verantwortlichkeiten – unserer märchenhaften Weltraumreise zum Opfer. Jeder wache Moment war mit Gedanken an das Raumschiff ausgefüllt. Am Ende des Sommers waren unsere Eltern verzweifelt, unsere Freunde ärgerlich und eifersüchtig, unsere Nachbarn hatten die Nase voll und unsere Haustiere fühlten sich vernachlässigt und zurückgesetzt, weil wir uns nicht um sie gekümmert hatten. Wir hatten unser altes Leben für ein neues aufgegeben und es war uns egal, ob andere der Meinung waren, wir vergeudeten unsere Zeit oder seien übergeschnappt. Wir vergaßen die Welt um uns herum. Sie existierte gar nicht mehr. Wir waren Kinder, und für ein paar kurze Wochen durften wir uns in der Welt der Fantasie verlieren.

Ich vermisse diesen Sommer sehr. In meiner ganzen Kindheit war ich nie wieder so voller Leben wie in diesen Wochen. Jeder Tag war voller Spannung, Abenteuer, Frische und Lebendigkeit.

Jeder Nerv war gespannt, alle Sinne waren hellwach, jede Empfindung bewusst und klar!

Im Sommer 1952 erlebte ich in der alles andere als heiligen Umgebung der Kühlschrank- und Waschmaschinenkartons meinen ersten Vorgeschmack darauf, was es bedeutet, sich einer großen Idee rückhaltlos hinzugeben. Gott beschenkte mich und bereitete mich auf den Moment vor, an dem ich Jesus treffen und er mich auffordern würde, alles zu verlassen und aufzugeben, um ihm nachzufolgen.

Hannelore Risch

Der 15. Mai

Seit Jahren leite ich Bade- und Studienreisen ans Tote Meer in Israel. Die meisten Teilnehmer möchten gern beides erleben: Heilung ihrer Gelenke oder Haut durch die mineralhaltige Luft und vor allem durch das Salzwasser im Toten Meer, aber auch Vertiefung ihres Glaubens durch den Besuch der heiligen Stätten. Bewährt und finanziell günstig ist immer der Aufenthalt im Hotel Lot, das direkt am Strand gelegen ist; von dort aus unternehmen wir auf Wunsch der Teilnehmer Fahrten ins Heilige Land. So können wir vor dem Tagesausflug oft kurz im Salzwasser „schweben" oder nach der Rückkehr noch einmal ein heilendes Bad genießen.

Nun habe ich wieder eine solche Israelreise geplant. Aber diesmal höre ich von allen Seiten Warnungen: „Wie könnt ihr in ein so unsicheres Land reisen? Die Nahostkrise ist noch lange nicht gelöst. Immer wieder gibt es Terroranschläge! Hannelore, wie kannst du das verantworten, wenn euch dort etwas Schlimmes passiert? Du wirst deines Lebens nie mehr froh werden!"

Auf einmal hat auch mich Furcht ergriffen, und ich kann nicht mehr entspannt schlafen. Ein Angsttraum: Wir fahren im Bus über Land und werden von Terroristen in einem kleinen Auto halb überholt. Sie sprengen sich direkt an unserer Seite in die Luft! Ein Schreckensbild! Deshalb höre ich täglich sehr gespannt die Nachrichten. Von Terroranschlägen in Israel wird nichts berichtet, allerdings von Raketen und Angriffen am Gazastreifen – weit entfernt vom Toten Meer. Soll ich die Israelreise abblasen? Dieser Gedanke beschäftigt mich Tag und Nacht. Fast ständig bete ich: „Vater im Himmel, was soll ich nur machen?"

Zum Glück treffe ich auf einer Tagung den Journalisten Ludwig Schneider aus Jerusalem. Mit ihm bespreche ich ausführlich mein Problem. Er meint zuversichtlich: „Am Toten Meer seid ihr absolut sicher! Und für eure Ausflüge müsst ihr sowieso einen israelischen Reiseleiter nehmen. Diese sind stets bestens informiert und bringen Touristen nie an gefährliche Orte." Das beruhigt mich.

Danach besuche ich mal wieder meine Lieben in Mannheim. Beim Mittagessen erzählt mir meine Schwiegertochter Christiane besorgt: „Jetzt hat unsere Leonore auch Neurodermitis! Es ist zwar nicht so schlimm wie bei Antonia; aber es juckt, und sie kratzt sich ständig!"

Ich antworte leichtfertig: „Dann nehme ich meine beiden Enkelinnen mit ans Tote Meer!"

„Wann reist ihr?", fragt Christiane.

Ich nenne das Datum, und sie schaut in den

Terminkalender: „Ach du liebe Zeit, da haben die Kinder gerade Ferien!"

„Was?"

Wir schauen uns verblüfft an. Auch mein Sohn Markus prüft das Datum, schaut fragend seine Frau an und verkündet vergnügt: „Gut! Dann fahren wir Eltern auch mit ans Tote Meer!" Großer Jubel!

Wieder daheim kann ich mich gar nicht mehr darüber freuen. Die Last der Verantwortung drückt mich nieder: „Wenn meinen Lieben etwas passiert, bin ich schuld daran!" In der Nacht schlafe ich wieder schlecht und bin innerlich sehr unruhig. „Vater im Himmel, ich brauche dringend deine Führung! Bitte sprich ein klares Wort!", bete ich ständig.

Am nächsten Morgen ist der 15. Mai. Wie so oft schlage ich das Andachtsbuch *Kleinode göttlicher Verheißungen* von C.H. Spurgeon auf und lese da den Tagestext: „Er kennt meinen Namen, darum will ich ihn schützen" (Psalm 9,14). „Was?", rufe ich aus, „wer ist ‚er'? Gilt diese Verheißung auch für mich? Ich bin doch eine ‚sie'! Ja, ich kenne dich, lieber Gott!"

Da meine ich etwas humorvoll zu hören: „Meine Tochter, seit wann rede ich nur zu Männern?"

„Klar! Dann kann ich also lesen: Sie kennt meinen Namen, darum will ich sie schützen. Aber wir sind eine Gruppe, darunter auch meine Lieben! Also sagst du zu uns: Sie kennen meinen Namen, darum will ich sie schützen?"

„Ja!"

„Danke! Ich verlasse mich auf deine Verheißung!"

Ich springe auf und singe: „Danke, mein Vater, für alles, was du schenkst! Danke, dass selbst im Kleinsten du heute an mich denkst! Danke, dass Beten an offne Ohren dringt ..." Dann lese ich noch weitere Verse aus Psalm 91, der überschrieben ist mit: unter Gottes Schutz: „Es wird dir kein Übel begegnen, und keine Plage wird sich deinem Hause nahen. Denn er hat seinen Engeln befohlen, dass sie dich behüten auf allen deinen Wegen". Nun bin ich aufs Tiefste beruhigt und treffe voll froher Erwartung alle Vorbereitungen für unsere Gruppenreise.

Genauso wie Gott versprochen hat, verläuft dann auch unser Aufenthalt in Israel: Wir erleben im ganzen Land Frieden pur. Auch innerhalb unserer Gruppe gibt es keine Probleme, obwohl die Teilnehmer sehr verschieden geprägt sind. Meine Enkelinnen fühlen sich pudelwohl. Ihr Hautausschlag verschwindet völlig. Bei den Erwachsenen gehen durch das heilende Wasser spürbar rheumatische Beschwerden zurück. Ich denke dankbar: Aus Fluch wurde Segen! Das Tote Meer hängt irgendwie mit Gottes Gericht über die sündigen Städte Sodom und Gomorrha zusammen. So ist aus dem damaligen Fluch heute ein Segen für so viele Menschen geworden, die Heilung brauchen.

Nach zwei Wochen Aufenthalt im Heiligen Land kommen wir alle körperlich und auch innerlich erneuert wieder gut daheim an. Der Besuch der biblischen Orte war für uns alle ein echtes Erlebnis! An diesen heiligen Stätten wird nämlich das gelesene Bibelwort ganz anders lebendig und plastisch vorstellbar.

Gott hat sein Versprechen gehalten, uns in Israel zu beschützen, und hat auf verschiedene Weise väterlich zu uns geredet, uns geheilt und sich offenbart.

Noor van Haaften

Zum Sperrmüll gestellt ...

„Kennst du mich noch?“ Die Stimme am Telefon ist die eines ehemaligen Kollegen aus der Zeit, als ich bei dem Radio- und Fernsehsender „Evangelische Omroep“ arbeitete. „Natürlich kenne ich dich noch!“, sage ich überrascht. „Wie schön, dass du anrufst. Wie geht es dir, und wie läuft es dort in Hilversum?“ Es ist allgemein bekannt, dass sich in der Medienlandschaft einiges tut. Es ist eine Zeit großer Veränderungen, neuer Strukturen und Arbeitsmethoden, eine Zeit, in der langjährige Mitarbeiter weggehen und neue kommen. Eine Zeit, in der die öffentlichen Rundfunk- und Fernsehsender alle Segel setzen müssen, um in einem Ambiente zu bestehen, in dem es um Millionen geht und die kommerziellen Sender ausgezeichnete Geschäfte machen.

„Ich bin gerade zum zweiten Mal umgezogen“, sagt mein Ex-Kollege. „Bei all den internen Veränderungen und Erneuerungen gibt es eine ziemliche Hin- und Herschieberei. Gerade, wenn du deinen Platz gefunden und deinen Schreibtisch eingeräumt hast, kannst du wieder umziehen. Einen Stock tiefer oder höher, vors Fenster oder neben die Tür. Nicht nur der Arbeitsplatz ändert sich, auch die Menschen, mit denen man zusammenarbeitet. Neue Kollegen, ein neuer Chef, wir bleiben in Bewegung." Dann fährt er fort: „Dass ich dich jetzt anrufe, hat mit meinem letzten Umzug zu tun. Ich bin in einem Zimmer gelandet, in dem du mal dein Büro hattest. Es war inzwischen zum soundsovielten Mal ausgeräumt worden und dabei waren anscheinend einige alte Sachen zum Vorschein gekommen. Am Papierkorb lehnte ein großes Foto von dir, ein sehr schönes, muss ich sagen. Ich fand, dass ich es retten musste, bevor es im Müllcontainer landete. Jetzt steht es in meinem Zimmer und ich wollte dich fragen, was du damit machen willst."

„Das ist ja sehr aufmerksam von dir!", antwortete ich. „Ob ich etwas mit einem großen Foto von mir selbst machen will, weiß ich noch nicht, aber ein Müllcontainer in Hilversum scheint mir doch ein bisschen traurig als Endstation. Ich lasse mir was einfallen, wie ich es hierher bekomme."

Wir reden noch ein bisschen weiter. Mein Kollege erzählt mir verschmitzt von noch ein paar anderen Gegenständen, die er vorm Untergang bewahrt hat. Nachdem er bei früheren internen Umzügen ein paar schöne Dinge gefunden hat, durchstöbert er inzwischen regelmäßig die Papierkörbe und Müllcontainer des Bürogebäudes. Einmal fand er dort einen Gegenstand, den die Direktion viele Jahre zuvor als Geschenk erhalten hatte. „Ich habe es sauber gemacht und auf den Sitzungstisch im Direktionszimmer gestellt", sagt er grinsend. „Ich könnte mich kringeln deswegen: Sie dachten, sie wären das Ding endgültig los, und nun hatten sie es plötzlich wieder auf dem Tisch stehen!" Ich sage, dass ich mir das lebhaft vorstellen kann. Solche Werbegeschenke entsprechen längst nicht immer dem eigenen Geschmack und sind manchmal absolut unpraktisch. Aber wenn man sie nicht benutzt, fühlt man sich schuldig, und wegwerfen kann man sie schon gar nicht. Aber was soll man machen, wenn man etwas bekommt, das nicht zu einem passt oder wofür man keinen Platz hat?

Inzwischen steht an der Wand meines Arbeitszimmers ein großes Foto von einer jüngeren Noor. Ich schaue es manchmal an und denke zurück an die Zeit, in der dieses Foto gemacht wurde, und dann an die Jahre danach. Dass „der äußere Mensch verfällt“, wird überdeutlich, wenn ich dieses Fotos vergleiche mit der Noor von heute. Trotzdem möchte ich nicht tauschen mit jener jüngeren Frau, die ich vor etwa fünfzehn Jahren war. Die Erfahrungen, die ich seitdem gemacht habe, die Lektionen, die ich gelernt habe, sind zu kostbar, um sie einfach einzutauschen. Auch was in geistlicher Hinsicht – in Bezug auf meine Beziehung zu Gott – geschehen und gewachsen ist, ist mir viel wert. Diese Dinge sind nicht aufzuwiegen mit einer straffen Haut, Augen, die auch ohne Brille alles sehen und lesen können, und Händen ohne Altersflecken.

Ich bin ein glücklicher Mensch, auch wenn die Jahre ihre Spuren hinterlassen haben an meinem „äußeren Menschen“. Die Welt mag Menschen, die nicht dem gängigen Schönheitsideal oder dem idealen (jungen) Lebensalter entsprechen, vielleicht abschreiben, aber aus der himmlischen Perspektive sieht das völlig anders aus. An der „totalen Runderneuerung“, die Schönheitsinstitute und Privatkliniken anpreisen, bin ich darum auch nicht interessiert. Viel kostbarer ist das, was die Bibel uns vor Augen stellt: eine fortwährende Erneuerung des „inneren Menschen“. Dafür ist keine teure Schönheitsklinik erforderlich. Gottes Erneuerungsprozess vollzieht sich beinah unbemerkt im täglichen Leben und in der ständigen Begleitung durch seinen Heiligen Geist. Das ist das Schöne, an dem ein Kind Gottes festhalten darf: Gott arbeitet an uns, so dass wir morgen nicht dieselben sind wie gestern. Äußerlich vielleicht ein bisschen verschlissener, aber innerlich ein bisschen neuer.

Gott hat gute Pläne mit uns: Er will in uns die Einstellung und Ausstrahlung seines Sohnes zur Entfaltung bringen. Menschen, die in dieser Hinsicht wachsen, besitzen eine Schönheit, die nicht für Geld zu kaufen ist. Nach dieser Schönheit will ich mich ausstrecken.

Hannelore Schmidt

Ich kann nicht hören, aber Gott hört mich

Schwerhörigkeit ist keine schmerzhafte Krankheit, aber sie verändert das Leben. Vieles ist jetzt anders, als es vorher war. Es fehlt ein Stück Lebensqualität. Musik zum Beispiel oder Konzerte, die ich früher gern hörte und die mich erfreut haben, sind für mich jetzt kein Hörgenuss mehr. Worte erfassen meine Ohren auch nicht mehr genau, obwohl ich ein sehr gutes Hörgerät habe. Dadurch entstehen viele ärgerliche Missverständnisse.

Ohne den Glauben an Jesus Christus würde ich manchmal an meiner Schwerhörigkeit verzweifeln. Doch heute bin ich getrost und voller Zuversicht – trotz meiner Behinderung. Ich weiß, dass Gott mit mir ist und mich hört. Das war nicht immer so.

Als junge Leute waren mein Mann und ich Mitglieder in einer Gruppe von engagierten jungen Christen. Dort waren wir auch zum Glauben gekommen. Doch als wir umzogen, verloren wir den Kontakt zu der Gruppe – und leider auch zu Gott. Es entstanden neue Freundschaften mit Menschen, die keine Verbindung zu Jesus hatten. Auch für uns war Gott in weite Ferne gerückt. Unser Leben verlief doch gut, dachten wir. Wir hatten eine schöne Wohnung und bald auch eine Tochter. Nur durch ihre Konfirmation und den Tod meiner Mutter hatten wir nochmals kurz Kontakt mit der Kirche.

Dies alles änderte sich, als mein Mann mit 50 Jahren seinen ersten Herzinfarkt bekam. Da trat eine Wende in unserem Leben ein. Durch Gespräche mit einem engagierten Christen am Krankenbett wurde meinem Mann bewusst, dass wir viele Jahre ohne Gott gelebt und auch nicht mehr auf sein Wort gehört hatten.

Wir sprachen über unseren verloren gegangenen Glauben und konnten wieder gemeinsam beten. Nach der Entlassung aus dem Krankenhaus gingen wir nach langer Zeit wieder in den Gottesdienst. Wir mussten erst eine Hemmschwelle überwinden. Doch die herzliche Begrüßung durch den Pfarrer und einen Presbyter half uns, unsere Scheu zu überwinden. Wir fühlten uns angenommen.

Kurz darauf bemerkte ich, dass ich nicht mehr gut hören konnte. Bei meinem Besuch beim Ohrenarzt stellte sich heraus, dass ich einen Hörsturz gehabt hatte, der aber leider nicht sofort behandelt worden war. So bekam ich vor über 20 Jahren mein erstes Hörgerät. Jetzt trage ich schon das fünfte. In Gruppen und bei Gesprächen bekam ich zunehmend Schwierigkeiten zu verstehen, was gesprochen wurde.

In der Gemeinde nimmt man Rücksicht auf mich. Dafür bin ich dankbar. Das gibt mir das Gefühl der Zugehörigkeit und hilft mir, mich nicht aus der Gemeinschaft mit anderen Christen zurückzuziehen. Vor allem mein Mann ermutigt mich oft mit seiner lebensbejahenden Art und seinem immer wieder frischen Glauben. Ich bin Gott dankbar, dass er mich hört, wenn ich im Gebet über meine Schwäche mit ihm reden darf. Seine tröstenden Worte erreichen mich nicht mehr über mein Ohr, aber sie erreichen mein Herz. Das gibt Kraft, wenn ich mal trostlos bin und alles grau in grau sehe. Zugleich empfinde ich es als ein Geschenk Gottes, dass ich noch so gut sehen kann. Wie reich bin ich doch, seitdem ich wieder zurück zu Jesus Christus gefunden habe und auf ihn höre!

Teil IV: Da lacht das Herz

Wieland Schmid

Die peruanische Nackthaargrippe

Eigentlich war ich auf dem Weg zum Zahnarzt. Für zehn Uhr war ich bestellt. Ich habe keine Angst vor dem Zahnarzt. Es wäre falsch anzunehmen, ich hätte eine Grippe vorgeschützt, um mich vor dem Zahnarzt zu drücken. So etwas käme mir nie in den Sinn. Gewiss, wir hatten uns bei meinem letzten Besuch über Grippe unterhalten. Eine Woche war das her. Er hatte mir dabei ein absolut unfehlbares Mittel gegen diese lästige Krankheit empfohlen, den Namen weiß ich nicht mehr. „Wenn Sie das nehmen, bleiben Sie unter jeder Garantie von der Grippe verschont", versicherte er mir und bestellte mich für Montag in einer Woche wieder zu sich. Pünktlich stellte ich mich ein, aber die Sprechstundenhilfe sagte mir, der Herr Doktor sei krank, er liege mit Grippe zu Bett. Das war der Tag, an dem auch über mich die Grippe herfiel.

An der Tür zur Zahnarztpraxis habe ich noch nicht das Geringste gespürt. Erst auf dem Nachhauseweg sprang sie mich an. Es fühlte sich etwa so an, wie wenn ein schwarzer Panther mit einem Mal aus dem Hinterhalt auf meinen Rücken gesprungen wäre. Ich habe so etwas zwar selbst noch nicht erlebt und ich kenne auch niemanden, dem solches widerfahren wäre, aber ich stelle es mir so vor. Mit einem derartigen Gefühl kann ich am besten das vergleichen, was mir geschah. Dann jagte ein eiskalter Schauer über meinen Rücken und in der nächsten Sekunde musste ich niesen. Das Niesen hörte nicht mehr auf. Ich kam gerade noch zu Hause die Treppe hoch und sank im Wohnzimmer erschöpft in den nächstbesten Sessel. Als Gerti, meine Frau, eine halbe Stunde später vom Einkaufen kam, bestand ich nur noch aus Grippe. Ich war die personifizierte Grippe. Seltsamerweise vermochte Gerti das nicht zu erkennen.

„War's schlimm beim Zahnarzt?", erkundigte sie sich. Ich stöhnte. Ein solches minutenlanges Stöhnen lässt einen auch nur einigermaßen einfühlsamen Menschen die Schwere der Situation erkennen. Nicht so im Falle von Gerti.

„Ruh dich ein wenig aus“, sagte sie.

Es half nichts, ich musste ihr auf die Sprünge helfen.

„Ich habe die Grippe“, krächzte ich. Nichts weiter. Nur diese vier Worte. Inhaltsschwere Worte.

Doch damit war die Wirkung natürlich verpufft. Die Grippe muss man einem Menschen ansehen. Wenn man einen Raum betritt, in dem ein Grippekranker zerbrochen in einem Sessel liegt, muss man mit einem Aufschrei zurückweichen und sodann ausrufen: „Um Himmels willen, du siehst ja entsetzlich aus! Du hast die Grippe! Nichts wie ins Bett!“

Muss der Kranke aber erst erklären, dass er die Grippe hat, so ist die ganze Wirkung dahin.

So hockte ich also mit meiner Grippe da. Was tun mit der Grippe? Ich kam mir vor wie – sagen wir – ein Angler, der einen besonders großen Fisch gefangen hat und niemand sieht es, keiner kümmert sich darum. So quälte ich mich denn aus meinem Sessel hoch und schickte mich an, mein restliches Tagewerk zu vollbringen nach der Devise: Gerti geschieht es gerade recht, wenn ich mit allen Zähnen und Knochen und sämtlichen Gelenken klappere. Ich ging zur Post. Dabei begegneten mir zwei Nachbarn. Tapfer ertrug ich so tief verletzende Bemerkungen wie: „Sie haben anscheinend auch einen Schnupfen? Ja, das haben jetzt viele ...“, oder: „Ach, Sie Ärmster, haben Sie einen kleinen Zugwind abbekommen?“

Wie grausam können Mitmenschen sein! Auf die Spitze trieb es die Postbeamtin – ansonsten eine freundliche, nette Frau – mit der haltlosen Bemerkung, ich sähe für diese Jahreszeit ausnehmend frisch und munter aus, geradezu rosig, dabei liege die halbe Stadt grippekrank im Bett.

Auf dem Weg zur Apotheke lief mir ein früherer Kollege über den Weg. Wir waren einmal dicke Freunde gewesen und so hoffte ich, bei ihm Trost und Mitgefühl zu finden. Ich schilderte ihm meine Situation, ohne in irgendeiner Weise zu übertreiben. Das ist nicht meine Art. Ich leide still. Mitfühlend legte er denn auch eine Hand auf meine Schulter, hielt jedoch den Kopf dabei streng abgewandt. Er hatte also erkannt, wie es um mich stand.

„Mein Lieber“, sagte er, „hoffentlich ist das

nicht die peruanische Nackthaargrippe, ein neuartiger Virus, der sich zurzeit überall seine Opfer sucht. Dieser Virus ist außerordentlich gefährlich. Wer von ihm befallen wird, stirbt entweder oder er wird blödsinnig."

Mit weit aufgerissenen Augen starrte ich ihn an. „Um alles in der Welt, woher weißt du denn das?", stammelte ich.

Er blickte mich so an, wie man einen Menschen anblickt, von dem man für immer Abschied nehmen muss. „Ich hatte diese schlimme Grippe vor einem halben Jahr selbst", erwiderte er und verabschiedete sich hastig.

Walter Feldkirch

Klingelbeutel

In den alten ostfriesischen Kirchen war der Klingelbeutel, mit dem man in den Gottesdiensten die Kollekte einsammelte, an einem zwei bis drei Meter langen Holzstiel befestigt. So konnte der

Presbyter vom Mittelgang aus den Klingelbeutel bequem in die oft langen Bankreihen reichen. Man kann sich aber vorstellen, dass die Bedienung dieses Ungetüms einer gewissen Übung bedurfte. Nur so sind die beiden nachfolgenden Begebenheiten zu verstehen.

Bauer Tönjes ist in den Kirchenrat gewählt. Das Einsammeln der Kollekte ist fortan sein Amt. Seine Frau, die im Denken immer die Schnellere ist, rät ihm, sicherheitshalber aber vorher zu üben. Sie gibt ihm einen langen Forkenstiel in die Hand und schickt ihn auf den leeren Heuboden über dem Stall. Sie meint, er solle oben anfangen, weil ja das Einsammeln in der Kirche auch auf der Empore beginne.

Tönjes tut sein Werk mit ganzer Hingabe. Die Dachbalken sind seine Bankreihen, die er mit dem Forkenstiel bedient. Ganz weit vorwärts reichen – nun wieder vorsichtig zurück. Es klappt schon sehr gut!

Da! Beim Zurücktreten kommt er der Luke zu nahe und fällt rücklings durch das Loch nach unten in den Stall. Glücklicherweise landet er auf einem Grashaufen mitten zwischen den Kühen.

Seine Frau, die am anderen Ende des Stalls den Lärm gehört hat, ruft, ob etwas passiert sei. Da antwortet Tönjes, nachdem er sich aufgerappelt hat: „So, boven sün'k kloar, nu kummt unnern!" (So, oben bin ich fertig, nun kommt unten dran.)

Von einem anderen Bauern – nennen wir ihn Claas – erzählte man mir, dass er sich auf eine andere Weise auf diesen Dienst vorbereitete. Er holte sich einen alten Hut, den er der Vogelscheuche im Erbsenbeet aufzusetzen pflegte, und steckte ihn auf eine Mistgabel! Dann ging er an der Reihe der Kühe im Kuhstall vorüber. Jeder Kuh hielt er seinen Kollektenhut vor die Nase. Die meisten Kühe reagierten mit stoischer Ruhe und fraßen unbeirrt weiter. Eine junge Kuh aber wurde unruhig, als der Hut vor ihren Augen erschien. Sie muhte ängstlich und schüttelte den Kopf. Da sagte Claas, der schon ganz in seinem neuen Amt lebte, zu der Schwarzbunten: „Hoews ja nicht, wann't ne wullt!" (Brauchst ja nicht – zu geben –, wenn du nicht willst.) Und damit reichte er den Hut der nächsten Kuh.

Axel Kühner

Ein Unglück kommt selten allein

Manche Tage beginnen so schön, und dann geht alles schief. Eine Familie macht sich auf, um ihr neues Auto direkt vom Werk abzuholen. Der Vater freut sich auf den großen Wagen, die Mutter freut sich auf den Einkaufsbummel, die Kinder freuen sich auf den Besuch in einem Freizeitpark. Das Auto ist wunderbar, die Einkäufe günstig, der Tierpark ist erreicht. Alle sind gut drauf.

Im riesigen Tierpark laufen die wilden Tiere frei herum, und die Menschen sind zur Abwechslung mal eingesperrt in ihren Blechkisten. Es ist heiß, die Kinder lassen die Scheiben herunter, um die Elefanten besser sehen und vielleicht sogar berühren zu können. Eine Elefantendame steckt neugierig ihren Rüssel in das Auto. Plötzlich bekommen die Kinder Angst. Der Vater drückt auf den elektrischen Fensterheber. Die Scheibe saust nach oben und klemmt den Rüssel ein. Das tut dem Elefanten weh und er drückt verärgert mit seinem massigen Körper die ganze Seite des Autos ein. Die Kinder schreien, der Vater schimpft, die Mutter weint. Entnervt verlassen sie den Park und müssen nun zur Kenntnis nehmen, dass der Betreiber für den Schaden nicht haftet, da überall die Hinweistafeln das Öffnen der Fenster verbieten.

Die Familie kehrt im Gasthaus ein und bei einem guten Essen mit einigen kühlen Bieren für den Vater beruhigt man sich allmählich. Auf der Heimfahrt geraten sie in einen Stau, an dessen Ende mehrere Wagen aufeinander aufgefahren sind. Der Vater kann gerade noch bremsen und kommt direkt hinter dem letzten verunfallten Wagen zum Stehen.

Die Polizei trifft ein und nimmt den Schaden auf. Die Beamten wollen auch den Wagen der Familie mit in den Unfall einbeziehen. Der Vater bestreitet, am Unfall beteiligt zu sein. Der Beamte weist auf den demolierten Wagen. Der Vater entgegnet: „Das hat ein Elefant getan!“ Der Polizist holt sofort die Tüte und lässt den Vater blasen. Er hat etwas zu viel Alkohol im Blut, bekommt den Führerschein abgenommen, und die Familie darf nach endlosen Schwierigkeiten schließlich mit der Bahn die Heimreise fortsetzen.

Jürgen Werth

Ansteckend gesund

„Nein, geben Sie mir nicht die Hand!“ Nanu, so kannte ich Holzmann vom Nebenbüro gar nicht. Sonst immer die Herzlichkeit in Person, Händeschütteln mit den Kollegen gehört für ihn zum festen Morgenritual.

„Was’n los?“, fragte ich verdutzt. Und dann sah ich die gerötete Nase, den Seidenschal unterm Kinn. „Ach so. Hat Sie’s nun auch erwischt?“

„Aber fragen Sie nicht wie“, röchelte er noch und schlich hinter seinen Schreibtisch.

Ja, man muss vorsichtig sein in diesen Tagen. Viren, Bakterien – zu Hunderttausenden geben sie sich ein Stelldichein. Und haben’s besonders auf die Regionen abgesehen, mit denen wir unsere zwischenmenschlichen Körperkontakte pflegen.

Regelrechte Handbesetzer, diese Biester. Und nicht nur Holzmann signalisiert in diesen Tagen jedem, den er trifft: Achtung, Ansteckungsgefahr! Und da ist man dann ja auch vorsichtig. Wer kann sich schon eine ausgewachsene Grippe leisten?!

Da kommt mir gerade ein komischer Gedanke. Wenn man sich auch andersrum anstecken könnte? Wenn man sich nicht nur gegenseitig krank machen könnte, sondern auch – gesund? Also, dass da jemand nicht ansteckend krank wäre, sondern ansteckend gesund ...

Ist kaum auszudenken, nicht? „Ja, geben Sie mir ruhig die Hand“, würde Holzmann dann sagen. „Bei mir können Sie sich anstecken. Gesund anstecken.“

Dabei gibt’s das ja auch – wenn ich zum Beispiel an Horst Hesse denke. Der hat meistens gute Laune. Und wo der auftaucht, da haben die anderen hinterher auch gute Laune. Oder wenigstens: Sie haben bessere Laune als vorher. Der ist ansteckend gut gelaunt.

Und ich? Sie? Was für eine Ansteckungsgefahr geht von uns aus? Ich wäre schon gern ansteckend gesund. Ob so ein Vers wie dieser dazu helfen kann? Aus Psalm 69: „Ich will Gott preisen mit meinem Lied und seine Größe verkünden durch meinen Dank. Die Unterdrückten werden es sehen und sich freuen, und alle, die nach Gott fragen, soll neuer Mut erfüllen."

Walter Feldkirch

Auf Schwäbisch gelobt

Carsten Petersen, ein Sohn der Nordseeküste, war Student der Theologie in Tübingen. Da er kurz vor dem Abschluss seines Studiums stand, hatte er eine Ferienvertretung in dem nahe gelegenen Dorf Lustnau übernommen.

Früh am Sonntagmorgen machte er sich zu Fuß auf den Weg. Es war ein wunderschöner Sommertag.

Freundlich wurde er von dem Kirchenvorsteher, einem angesehenen Bauern, empfangen und bewirtet. Und dann war es so weit.

Nach einem stillen Gebet in der Sakristei betrat er die Kanzel der kleinen Dorfkirche. Freudige Erwartung lag auf den Gesichtern der Zuhörer. Mit großer Freude hielt er seine Predigt und hatte den Eindruck, Gottes Segen habe auf dem Gottesdienst gelegen.

Nachdem er in dem gastfreien Hause des Kirchenvorstehers eine echt schwäbische Mahlzeit eingenommen hatte, stellte er die Frage, die ihm auf der Seele brannte: „Sagen Sie mir ganz offen, wie war meine Predigt?“

Der also Gefragte sah ihn freundlich an und antwortete in seinem schwäbischen Dialekt: „Von Ihrer Predigt kann i nur sage, sie war ohne Inhalt und ohne Anstand.“

Das war für den armen Kandidaten nun doch zu viel. Ohne Inhalt und ohne Anstand! Konnte es denn eine vernichtendere Kritik geben? So hoffnungsfroh er gekommen war, so bedrückt war er jetzt.

„Warum sind Sie denn so trübsinnig?“, fragte ihn der Kirchenvorsteher.

„Ist das ein Wunder?“, entgegnete der Kandidat. „Wenn man über seine Predigt ein solch vernichtendes Urteil hört?“

„Ja, wer hat das denn getan?"

„Na, Sie doch!"

„Ich?"

„Sie haben doch gesagt, meine Predigt sei ohne Inhalt und Anstand!"

Ganz erschrocken hörte der Vorsteher diesen Vorwurf. Dann aber ging ihm plötzlich ein Licht auf. Er lachte herzlich. Und nur mit Mühe erwiderte er im einwandfreien Hochdeutsch: „Sie kennen halt unsere schwäbische Sprache nicht. Ich sagte, Ihre Predigt war ohne ‚Inhalt'; denn ohne das geringste Innehalten, ohne zu stocken, haben Sie die Predigt gehalten. Und ohne ‚Anstand'! Alles, was Sie sagten, war nicht zu beanstanden!"

Es tat dem Schwaben herzlich leid, dass man ihn so missverstanden hatte. Der Kandidat aber wanderte frohen Herzens an den Neckar zurück.

Teil V: Hilfe von oben

Maria Luise Prean-Bruni

Eine Schule in Uganda

Ursprünglich haben wir unsere Arbeit in Uganda nur mit Schulpatenschaften begonnen, weil es der schnellste Weg war, Hilfe zu bieten. Nachdem wir schon einige Tausend Kinder in ihrer Schulausbildung unterstützten, kamen immer mehr Freunde auf uns zu und meinten, wir sollten eigene Schulen bauen, damit wir die Kinder besser beeinflussen können. Und ich hatte im Herzen den Eindruck: Das ist das Sprechen Gottes. Deshalb machte ich mich kurze Zeit später auf, um in der Gegend zu fragen, wo Grundstücke zum Kauf angeboten werden. Dabei verirrte ich mich im Busch. An diesem Tag hatte ich noch ein Treffen mit dem Erzbischof der anglikanischen Kirche vereinbart. Da ich mich aber im Busch total verlaufen hatte und es in diesem Gebiet keine Funkverbindung gab, kam ich mit einer Stunde Verspätung zu diesem Treffen. Als er mich sah, meinte er: „Maria, was ist los? Du bist doch nie zu spät. Was ist passiert?“ Ich sagte nur: „Ich suche ein Grundstück, und da war ich im Busch und habe mich verirrt. Es tut mir sehr leid. Ich konnte auch nicht anrufen, weil es keine Funkverbindung gab.“ Er meinte: „Du brauchst Land, um Schulen zu bauen? Da kann ich dir helfen.“ Ein sehr reicher Ugander hatte der Kirche ca. 65 Hektar Land vermacht, um soziale Einrichtungen wie Schulen oder ein Krankenhaus zu bauen. Die Kirche hatte aber bis zu dem dortigen Zeitpunkt nichts getan, was den Afrikaner sehr wütend machte. Der Erzbischof war gerade vor seiner Pensionierung und es war ihm ein echtes Herzensanliegen, dass etwas mit dem Land geschieht. Als er dann meinen Herzenswunsch hörte, Waisenhäuser, Kindergärten, Berufsschulen, Volksschulen, ein Krankenhaus etc. zu bauen, da meinte er: „Das ist die Tür, die Gott dir öffnet. Wenn dieser Mann das ganze Grundstück auf euch umschreibt, dann lassen wir es los. Wir sind dankbar, dass wir es los sind, ihr habt Land und seid dankbar, dass ihr es habt, und wir sind euch dankbar, dass etwas geschieht." Das war eine klare offene Türe. Und so ist es auch geschehen: Wir sind heute dabei, kräftig zu bauen.

Peter Strauch

Ein Mofa wurde gestohlen

Die Glaubenskonferenz in Hamburg ist ein großes Erlebnis. Hunderte von Menschen strömen am Holstenwall zusammen, um auf die Botschaft der Bibel zu hören. Die Abende sind geprägt von der Offenheit, mit der junge und alte Besucher nach denn Willen Gottes fragen. Nach der Versammlung laden wir zu Gesprächen ein. Besonders junge Leute machen davon Gebrauch. Es kommt zu klaren Entscheidungen für Jesus Christus. Andere stellen sich neu Gott zur Verfügung.

Darunter ist auch ein junger Mann, der mir erzählt, dass er vor einiger Zeit zum Glauben kam und seitdem viele Erfahrungen mit Jesus Christus gemacht hat. „Nur“, so sagt er, „habe ich eine Sache, bei der ich nicht weiß, was ich tun soll.“

Als ich ihm Mut mache, davon zu erzählen, spricht er von seinem Mofa. „Es ist ein altes Moped“, sagt er mir. „Nicht besonders wertvoll, aber ich bastele an vielen Stunden des Tages daran herum. Heute Abend wurde ich unsicher, ob das richtig ist. Vielleicht sollte ich diese Zeit anders füllen. Ich vermute, das Moped hat einen zu hohen Stellenwert in meinem Leben.“

Gemeinsam sprechen wir mit Gott darüber. Wir bitten ihn, dass er die Sache mit dem Mofa klärt und dem jungen Mann deutlich macht, wie er sich verhalten soll. Daraufhin zieht er fröhlich ab, und ich widme mich einem anderen Gesprächspartner.

Während dieser Zeit geht der junge Mopedfahrer nach draußen, kommt aber wenige Augenblicke später wieder die Treppe heraufgestürmt. Schon im Treppenhaus ruft er: „Mein Moped wurde gestohlen!“ Als die andern ihn trösten wollen, sagt er zu ihnen: „Begreift ihr denn nicht? Wir haben Jesus vorhin gebeten, diese Sache zu übernehmen und mir klarzumachen, wie ich mich verhalten soll. Jetzt ist das Moped gestohlen, und alles ist klar!"

Ich bin froh, dass ich seine Geschichte hier erzählen darf. Er gab mir die Genehmigung. Sie wurde für mich zu einem Hinweis auf die Führung Gottes in unserem Leben. Sicher handelt Gott nicht immer so wie in diesem Fall. Manchmal beten wir länger um seine Führung, und nicht immer verstehen wir sie so eindeutig wie hier.

Rolf-Dieter Wiedemann

Engel am Steuer

Christiane H. ist schon seit vielen Jahren rheumakrank. Sie hat vier neue Gelenke, ein künstliches Knie und künstliche Hüften. Vor einiger Zeit ging es ihr noch so schlecht, dass sie kaum stehen konnte. Eines Tages, es war Januar, war sie dennoch allein mit der Bahn unterwegs:

Es war dunkel und nasskalt. Ich saß im überfüllten Zug von Kassel nach Osnabrück. Es wurde immer stürmischer. Plötzlich blieb der Zug stehen. Es dauerte eine ganze Zeit lang, bevor er langsam weiterrollte. Der Bahnhof von Altenbeken kam in Sicht. Dort hieß es dann, dass keiner der Züge mehr weiterfahren könne, Bäume seien auf die Oberleitungen gefallen.

Nichts ging mehr. Über Radio wurde gemeldet, dass in ganz Norddeutschland der öffentliche Verkehr zusammengebrochen sei. Selbst Taxis und Busse fuhren nicht mehr. Ich bekam Panik. Ich saß da und betete: „Herr, du hast Möglichkeiten, mich hier rauszuholen! Bitte hilf mir!"

An dem kleinen, dunklen Bahnhof sollten nun Hunderte Reisende aussteigen. Es herrschte Chaos, weit und breit war keine Sitzgelegenheit, nur Kälte, Regen und Sturm! Ich eilte ins Stationshäuschen und fand einen einzigen noch leeren Stuhl. Dort ließ ich mich erschöpft nieder und wollte nicht mehr aufstehen. Überall aufgeregte Leute. Selbst die Bahnbeamten waren hilflos.

Nach einiger Zeit kam mir der Gedanke: „Geh doch mal durch die Menge und versuch, auf den Bahnhofsvorplatz zu kommen." Trotz meiner Bedenken folgte ich der inneren Stimme. Dort, vor dem Bahnhof, schaute ich mich nach einem Taxi um, doch es war weit und breit keines zu sehen. Doch plötzlich bog ein einziger Wagen direkt vor mir ein und hielt. Eine Frau stieg aus und ich sprang sofort hinein. Der Taxifahrer war sehr freundlich, er spürte meine Verzweiflung. Inzwischen drängten sich viele Menschen um das eine Taxi und wollten auch noch hinein. Er ließ drei weitere Leute zusteigen.

Wo sollte ich jetzt hin? Vielleicht in ein Hotel? Und dann passierte das Wunder. Er sagte: „Ich fahre Sie nach Hause." Das waren über 100 km! Und das bei dem Sturm. Und wer sollte das bezahlen?

Der Taxifahrer quetschte sich für mich durch die Menschenmenge zu den Bahnbeamten. Er überredete sie, einen Berechtigungsschein auszustellen. Die Bahn bezahlte tatsächlich meine Fahrt! So fuhr dieser Engel in Person mich bis vor die Haustür.

Zu Hause verwöhnte mein Mann den Fahrer mit heißem Kaffee und Abendbrot, bevor er wieder zurück nach Altenbeken fuhr. Das war ein echtes Wunder für mich. Natürlich habe ich ihm gesagt, dass er für mich ein Engel sei.

Hannelore Risch

Mein Alterssitz

Als vor Jahren die Zeit meiner Pensionierung nahte, hörte ich immer wieder in mir die Frage: „Wo willst du deinen Ruhestand verbringen?“ War es Gottes Stimme oder mein gesunder Menschenverstand? Ich prüfte die verschiedenen Möglichkeiten eines neuen Wohnortes. Jedenfalls antwortete ich meistens: „Ich weiß es noch nicht! Am liebsten bliebe ich hier, wo ich schon über zwanzig Jahre wohne. Da fühle ich mich daheim, kenne alle Leute und verstehe mich bestens mit meinem Nachfolger. Von hier aus kann ich auch gut als Reisereferentin zu den Frühstückstreffen für Frauen fahren. Doch du weißt, himmlischer Vater, dass ich unbedingt nur an dem Ort sein will, wo du mich haben willst und auch im Alter noch gebrauchen kannst! Bitte weise mir möglichst klar meinen Platz!“

Lange erhielt ich keine Antwort. Sollte ich jetzt Mose, Vater Abraham oder Noah beneiden, zu denen Gott wahrscheinlich akustisch hörbar gesprochen hätte? Doch in meinem großen Freundeskreis kannte ich nur eine Person, die Gott unüberhörbar laut hatte reden hören. Meine Freundin Waltraut war gewarnt worden, als sie und ihr Kind in Gefahr waren: „Nimm dein Kind und schließe dich ein!“ Erschrocken hatte sie sich umgeschaut. Kein Mensch war zu sehen gewesen. Also hatte Gott gesprochen, und sie gehorchte ihm. Bald danach hatte ein Mann mit böser Absicht an ihre Tür geklopft. Aber sie und die Kleine waren in Sicherheit gewesen. Es ist sicherlich eine Ausnahme, wenn Gott hörbar spricht. Wie aber wollte Gott zu mir reden?

Eines Tages besuchte mich überraschend ein Haßlocher Bus voll meiner früheren Klassenkameraden. Sie baten mich: „Hannelore, komm doch wieder zurück in deine alte Heimat und in unsere Runde und fahre mit uns Fahrrad!“ Ähnlich redeten auch meine beiden in Haßloch lebenden Geschwister und ihre Familien, zu denen ich ein gutes Verhältnis habe. Doch ich scheue mich vor dem Umzugsstress. Der Gedanke an einen Ortswechsel war mir irgendwie unangenehm. War ich überhaupt noch offen für Gottes

Reden? Oder hatten die eigenen Pläne mir das innere Ohr verstopft?

An einem schönen Nachmittag fuhr ich auf der Landstraße durch die Rheinebene in Richtung Haßloch. Am Horizont tauchte die vertraute Silhouette meines früheren Heimatdorfes auf: das abgeknickte Turmdach der Christuskirche, wo ich konfirmiert und getraut worden war und wo ich mich als Pfarrerskind in meiner Jugend zu Hause gefühlt hatte. Um die Kirche scharten sich viele Häuser wie Kinder um ihre Mutter. Da spannte sich auf einmal über das ganze Dorf ein vollkommener, herrlicher Regenbogen, wie ich noch nie einen solchen meinte gesehen zu haben – von der Erde hoch in den Himmel und wieder ganz herunter. Als wäre ein himmlischer Schutzschirm über dem Großdorf aufgespannt. Wollte Gott mir dadurch etwas sagen? Sollte es gar eine eindeutige Antwort auf meine jetzige Lebensfrage sein? Ergriffen staunte ich, trat auf die Bremse und dachte an Noah, dem ein wunderbarer Regenbogen geschenkt worden war, als er die neue Heimat betrat und Gott dankte.

Dieser Regenbogen – bedeutete er nicht inneren Frieden? Doch ich zweifelte immer noch: „Lieber Vater, es könnte ja sein, dass ich mich täusche! Ich will mich jetzt nicht auf starke Gefühle verlassen. Deshalb gib mir bitte noch eine handfeste Bestätigung! Du weißt ja, ich will keine falsche Entscheidung treffen, nur weil ich gerade innerlich bewegt bin! Ich werde nun vorsichtig einige Schritte in Richtung Umzug nach Haßloch unternehmen. Bitte, Jesus, mein Trainer, pfeife mich zurück, wenn ich falsch laufe!"

Tatsächlich: Gott ging gnädig auf meine Bitten ein, und ich erhielt bald darauf innerlich Frieden. In jenen Tagen las ich im Losungsbüchlein: „Deine Ohren werden hinter dir das Wort hören: Dies ist der Weg, den geht! Sonst weder zur Rechten noch zur Linken!" (Jesaja 30,21). Das war eindeutig! Es traf mich ins Herz! Auch konnte ich gut mein älteres Häuschen verkaufen und mit der finanziellen Hilfe meiner erwachsenen Söhne in Haßloch eine Doppelhaushälfte nahe dem Zentrum erstehen, in einer ruhigen Sackgasse, wo jetzt meine Enkelinnen gefahrlos Einrad fahren können. Bei Familientreffen hat mein

Heim sogar dehnbare Gummiwände und kann alle aufnehmen! Ein Treffpunkt meiner Kinder und Enkel – ganz nach meinem Herzenswunsch!

Martina Merckel-Braun

Ein Gott der Alltagsdinge ... und ein echter „Nächster“

Es war ein wichtiger Tag für die 13-jährige Schülerin Pauline B. – heute musste sie im Kunstunterricht die Bilder abgeben, die für den regionalen Malwettbewerb eingereicht werden sollten. Pauline hatte sich mit ihren Bildern größte Mühe gegeben und zeigte sie noch einmal stolz ihrer Familie. Dann machte sie sich mit dem Zug auf den Weg zur Schule, die sich in der nächstgrößeren Stadt befand. Aber als sie in der ersten Pause ihre Werke hervorholen wollte, durchfuhr sie ein siedend heißer Schreck: Ihr Beutel mit der Zeichenmappe war nicht da. Fieberhaft versuchte sie, sich an ihren Schulweg zu erinnern, und ihr wurde klar, dass sie den Beutel mit den Malsachen im Zug liegen gelassen hatte. Nun schien es, als sei all die Arbeit umsonst gewesen. Auch ihre Mitschülerinnen konnten sie nicht trösten: Keine, die schon einmal etwas im Zug vergessen hatte, hatte dies jemals zurückerhalten. Aber Pauline hatte sich einige Jahre zuvor für Jesus entschieden, und sie war überzeugt: Er konnte auch in dieser Situation helfen. Sie betete, dass er ein Wunder tun und ihr die Mappe mit den Bildern zurückbringen würde.

Einige Zeit darauf klingelte bei Paulines Mutter das Telefon. Am anderen Ende der Leitung war ein Bahnbeamter – der Schaffner des Nahverkehrszugs, mit dem Pauline gefahren war. Er hatte den Beutel gefunden und die Zeichenmappe geöffnet. Als er die schönen Bilder sah, wusste er: Sie mussten wichtig sein. Und da in der Mappe ein Namensaufkleber mit Adresse und Telefonnummer haftete, hatte er rasch die angegebene Nummer gewählt. Er nannte Paulines Mutter die Uhrzeit, wann er mit dem Zug wieder am Bahnhof ihres Wohnortes sein würde, und sie vereinbarten die Übergabe am Bahnsteig.

Als die Mutter einige Zeit darauf an der Tür von Paulines Klassenraum klopfte und ihrer Tochter den Beutel mit den Malsachen hinhielt, starrte Pauline sie fassungslos an. „Nun nimm schon“, sagte die Mutter, „sieh doch, ich habe dir deine Zeichenmappe gebracht!“ – „Ja, aber ... wieso hast *du* sie denn auf einmal???“ Mit knappen Worten erklärte die Mutter, was geschehen war, und überglücklich nahm Pauline den Beutel entgegen und konnte die Bilder noch rechtzeitig abgeben. Die Erfahrung, dass Jesus in dieser scheinbar aussichtslosen Situation ihr Gebet erhört und dafür gesorgt hatte, dass sie den Beutel mit den Bildern zurückbekam, war für sie sehr glaubensstärkend und eindrücklich, und dass sie bei dem Wettbewerb noch einen schönen Preis gewann, war sozusagen das „Sahnehäubchen“ auf diesem Erlebnis.

Teil VI: Der Schöpfung auf der Spur

Bianka Bleier

Fellwechsel

Wieder habe ich durchgehalten! Die kalten Monate sind vorüber. Morgens, wenn ich aufwache, ist es hell! Ich wusste fast nicht mehr, dass es das gibt. Die Tage werden allmählich länger, die härteste Durststrecke scheint vorüber. Mein Herzschlag erwacht aus dem Winterschlafrhythmus. Ich muss hier raus! Ich werde heute gut zu mir sein und mir ein paar Stunden freinehmen. Meine Winterhöhle verlassen. Meinen Horizont erweitern. Auch im Hund, der nur noch teilnahmslos vor dem Ofen lag, regt sich neues Leben. Ich muss ihn gar nicht erst überreden, mich zu begleiten. Ich lege eine Decke vor den Holzschuppen. Begeistert sinkt er mit einem Seufzer neben mich in meinen Windschatten. Wir halten unser Fell in die Schneeglöckchensonne und träumen von guten Zeiten. Die Ruhe und das Licht tun so gut. Frühlingsahnen ...

Plötzlich sind die kleinen Waldblumen wieder da, Taubnesseln, Kuckucksblumen, Märzenveilchen und andere, namenlose. Sie kennen ihre Zeit und drücken durch den Erdboden. Die Luft wird wärmer. Einige Büsche sind über Nacht explodiert. Die biologische Uhr fasziniert mich jedes Mal aufs Neue. Was für eine Kraft steckt dahinter! Gott schafft der Natur ein neues Kleid! Makellos rein, lindgrün, ohne Vogeldreck und Raupenfraß. Die Vögel jubeln. Frühlingsfreude. Auferstehungsfreude. Schmetterlingsgetümmel im Flieder. Freudentaumel im Himmel.

Die Natur verjüngt sich durch Nachwuchs: Winzige Blättchen und Blüten knospen.

Neuanfang – Gott gibt uns immer wieder eine neue Chance – ich möchte Gott auch eine Chance geben, Neues in meinem Leben anzufangen. Spannung macht sich in mir breit, Vorfreude auf neues Land.

Rolf-Dieter Wiedemann

Gott kümmert sich auch um Tiere

Lieben Sie Tiere? Dann wird es Ihnen sicherlich auch nicht gleichgültig sein, wenn ein Tier leidet. Beim Hund sind viele Menschen barmherzig – er ist ja auch nützlich, als Wachhund zum Beispiel. Was ist aber mit Tieren, zu denen wir als Menschen keinen persönlichen Bezug haben? Sybille S. aus Egelsbach hatte ein ganz besonderes Erlebnis:

Es war ein wunderschöner, warmer Nachmittag Anfang Mai. Da entdeckte ich bei einer Fahrradtour bei einem Bachlauf einen großen Raubvogel. Er saß dort ganz still. Auch als ich mich näherte, flog er nicht weg. Als ich schließlich direkt neben ihm stand, sah ich, dass er eine Ringelnatter in den Klauen hielt, die noch lebte. Dass der Vogel nicht wegflog, machte mich stutzig. Er sah mich nur an. Ich traute mich nicht, das Tier zu berühren. Stattdessen verständigte ich einen Mann vom Vogelschutzverein. Er versprach mir, dorthin zu fahren und sich um das Tier zu kümmern.

Zu Hause stellte ich mithilfe eines Fachbuchs fest, dass es sich um einen Bussard handeln musste. Allerdings hatte das Tier auffällig helles Gefieder gehabt. Abends überkamen mich Zweifel, ob auch wirklich jemand zu dem Tier gefahren war. Ich betete und bat Gott um ein Wort aus der Bibel. Wenig später las ich im Buch Hesekiel Worte, die mich beruhigten. Da stand: „Ich will das Verlorene wieder suchen und das Verirrte zurückbringen und das Verwundete verbinden und das Schwache stärken und, was fett und stark ist, behüten; ich will sie weiden, wie es recht ist“ (Hesekiel 34,16). Natürlich weiß ich, dass das Wort zunächst den Menschen gilt, aber dennoch war ich beruhigt und schlief ein.

Am nächsten Nachmittag fuhr ich zu dem Vogelschützer und fragte nach dem Bussard. Er erzählte mir, dem Vogel gehe es gut, er hätte bereits gefressen. Ich durfte das Tier sehen. Er stamme aus Skandinavien, deshalb das helle Gefieder. Aufgrund des langen Fluges sei er wohl sehr erschöpft gewesen. Er müsse sich einige Tage erholen, dann könne er wieder freigelassen werden.

Ich freute mich, dass Gott auch für die Tiere so gut sorgt, und dankte meinem Herrn. Nach meiner Meinung war es kein Zufall, dass ich an der Stelle vorbeigefahren bin, wo der Vogel war.

Ulrike Chuchra

Königin der Blumen

Das im 16. Jahrhundert von einem wohlhabenden Patrizier erbaute Schloss unseres Dorfes bietet eine wunderbare Kulisse für den alljährlich stattfindenden Rosenmarkt. Im romantischen Schlossgarten dreht sich alles um die Königin der Blumen. Floristen, Gartenbauer, Kunsthandwerker und andere Aussteller präsentieren ihr Angebot. Neben prachtvollen historischen und neu gezüchteten Rosensorten gibt es passende Begleitpflanzen für den Garten, Schmuck, edle Kleidungsstücke und fantasievolle Dekorationsobjekte, die in Form oder Farbe mit der Rose zu tun haben. Prosecco mit Rosenlikör, Rosenmarzipantörtchen und Roseneis entsprechen der sommerlichen Laune der Besucher. Große weiße Sonnenschirme spenden willkommenen Schatten, während man zwischen Ständen und Pflanzen hindurchschlendert.

Die Schönheit der Rosen ist überwältigend. Es erstaunt mich nicht, dass diese einzigartige Blume in der Antike mit weiblichen Gottheiten in Verbindung gebracht wurde. Ihre üppigen Blütenblätter atmen Vollkommenheit und rufen unwillkürlich Bewunderung und sogar Ehrfurcht hervor. Sie lassen etwas von Gottes Schönheit und Herrlichkeit erahnen, vor der wir eines Tages anbetend verstummen werden. Die Fülle zarter Knospen und weit geöffneter Blüten – samtig und tiefrot, rosa, lachsfarben, gelb, weiß, zart marmoriert – ist eine Augenweide, die ein Lächeln auf jedes Gesicht zaubert.

Während die Erwachsenen in gelöster Stimmung einkaufen, sich im Festzelt niederlassen und ein angeregtes Schwätzchen mit alten Bekannten halten, toben sich die Kinder in der Hüpfburg aus oder hängen die nackten Füße in ein niedriges Brunnenbecken. Ein in schimmernden rosa Satin gehülltes Dornröschen lädt zur Märchenstunde ein. Kleine Ensembles wie Blockflötenchor und Klarinettenquintett sorgen für die musikalische Untermalung im Schlossgarten. Es ist ein Tag, um einfach einmal Zeit zu haben und sich etwas Gutes zu gönnen.

Am Abend endet der Rosenmarkt, doch das Fest geht weiter. Musik und Tanz stehen auf dem Programm. Der Musikverein unterhält die Gäste mit flotten Melodien. Eine historische Trachtengruppe führt schwungvolle alte Volkstänze auf. Mit Klatschen und Stampfen wirbeln die Tanzpaare über die Bühne, während die Zuschauer mit den Füßen wippen. Zu guter Letzt geht die Veranstaltung in eine allgemeine Tanzparty über. Ausgelassen und beschwingt wird das Leben gefeiert.

Wieland Schmid

Auf herbstlicher Entdeckungstour

„Im Herbst sind die Menschen müde und vom Himmel regnet es den ganzen Tag. Die Natur stirbt, von den Bäumen fallen die Blätter und alle Blumen gehen ein ..."

„Zeig mal her", sagte ich und warf einen Blick auf die Sätze, die Michi in sein Aufsatzheft schrieb. Michi ist mein achtjähriger Patensohn. Sein Lehrer hatte ihm und seinen Klassenkameraden einen Aufsatz aufgegeben mit dem Thema: „Wie erlebe ich den Herbst?" Ich runzelte die Stirn und schob Michi das Heft wieder zu.

„Wie ist das?", fragte er.

„Ein wenig melancholisch", erwiderte ich nach einer Weile. „Melancholisch bedeutet, dass man nur das Negative sieht, das Schöne aber vergisst. Der Herbst ist doch im Grunde eine fröhliche Jahreszeit, so bunt und farbenfroh und voller Leben!" Ich überlegte kurz. „Weißt du was, morgen ist Sonntag, hast du Lust, ein wenig mit mir spazieren zu fahren?"

„Mit dem Auto?“, fragte Michi.

„Ja, gewiss, auch mit dem Auto. Aber nicht nur. Wir wollen zusammen den Herbst entdecken.“

Als ich am nächsten Morgen den Wagen aus der Garage fuhr, lag über den Dächern dichter Nebel. „Eigentlich“, dachte ich, „wäre es schöner, jetzt noch ein oder zwei Stündchen im Bett zu bleiben.“ Doch hatte ich ja versprochen, Michi den Herbst von seiner goldenen Seite zu zeigen. So setzte ich mich fröstelnd hinters Steuer und fuhr die wenigen einsamen Straßen bis zu dem Haus, in dem Michi mit seinen Eltern wohnte. Er wartete schon auf mich und empfing mich entsprechend.

„Ich dachte schon, du würdest bei diesem Dreckswetter nicht kommen.“

„Dreckswetter“, wiederholte ich, „was für ein hässliches Wort! Das ist doch schön, dieser silberne Nebel, der alles in einen weißen Schleier hüllt. Man glaubt, ganz allein auf der Welt zu sein. Bald wird ja die Sonne durchbrechen. Dort hinter den Dächern wird es schon viel heller.“

Wir fuhren nicht lange, bis wir einen Seitenweg fanden, der direkt in den Wald führte. Ich stellte den Wagen ab. Wir befanden uns auf einer Anhöhe und konnten beobachten, wie unter uns noch der Nebel wob, während hier oben die ersten schüchternen Sonnenstrahlen durch den milchigen Dunst fingerten. Ich nahm Michi an der Hand und wir wanderten in den dichter werdenden Wald hinein. Unter unseren Schuhen raschelte das welke Laub. Nach wenigen Schritten schon bückte sich Michi.

„Guck mal", sagte er leise.

Ich beugte mich zu ihm und sah einen morschen Baumstumpf, der über und über mit kleinen gelbbraunen Pilzen bewachsen war.

„Es sieht aus wie ein kleines Dorf", meinte Michi, „da sind viele Häuser, weiter hinauf werden es weniger, und das dort neben dem geknickten Ast sieht aus wie eine kleine Kapelle ..."

„Und dieser schwarze Käfer da ähnelt einem winzigen Menschen, der es ganz eilig hat, irgendwohin zu kommen", lachte ich. „Vielleicht ist es ein sogenannter Mistkäfer? Komm, gehen wir weiter, wir haben noch viel zu entdecken vor uns."

Es wurde doch ein recht anstrengender Spaziergang. Immer wieder blieb Michi irgendwo stehen, kauerte sich auf den Boden, beobachtete ein Eichhörnchen, das sich von Ast zu Ast schwang, plötzlich verharrte und mit großen, fragenden Augen auf die beiden Menschen unter sich blickte, als wollte es fragen: „Was führt denn euch hierher? Habt ihr nichts Besseres zu tun, als mich anzustarren? Ich habe viel zu tun um diese Jahreszeit! Stört mich gefälligst nicht!“

Wir gingen weiter unter den Bäumen, zwischen deren goldenen Blättern die Strahlen der Morgensonne spielten. Weiße Gespinste verfingen sich in unseren Haaren und ich erzählte Michi ein wenig von den Sagen, die sich um diese ziehenden Fäden weben. Um uns raschelte das Laub, ein kleines braunes Wesen huschte dicht vor unseren Füßen über den Weg.

„Das war ein Hamster“, erklärte ich, „er hat jetzt, wie viele andere Tiere um uns herum, einiges zu tun, um sich für den Winter mit allem Nötigen einzudecken. Da haben wir es doch besser, wir können auch im Winter alles kaufen, was wir brauchen. Früher mussten die Menschen Vorräte anlegen, und wenn es eine Missernte gab, drohte ihnen eine Hungersnot.“

„Die Tiere sind eigentlich gut dran“, sinnierte Michi, „sie müssen nur alles einsammeln, was da herumliegt, die Nässe macht ihnen nichts aus, sie haben ein dickes Fell und brauchen nicht zu frieren.“

„Frierst du etwa?“, erkundigte ich mich mit einem misstrauischen Blick auf meinen kleinen Begleiter.

Er schüttelte den Kopf, gottlob. Ich spürte Feuchtigkeit an den Füßen – meine Schuhe waren offenbar nicht ganz wasserdicht – und ich musste einige Male heftig niesen. Hätte ich doch nur einen wärmeren Mantel mitgenommen. Michi schien gegen derlei Anfechtungen gefeit. Er wurde nicht müde, immer neue Entdeckungen zu machen. Ich fror von Minute zu Minute mehr. Vor meinem geistigen Auge tauchte ein gemütliches Lokal auf, ein bullernder Kachelofen und ein Gläschen wärmender Schnaps ...

Als ich nach nahezu drei Stunden den Wagen vor Michis Zuhause parkte, verwünschte ich im Stillen meine Idee, Michi mit den Schönheiten des Herbstes bekannt zu machen. Ich begann wieder, zu niesen, und hatte das Gefühl, dass sich langsam aber sicher eine Grippe an mich heranschlich. Ich empfand daher auch wenig Begeisterung, als Michi, nachdem er sich in seinem Zimmer einen wärmenden Pullover übergezogen hatte, mit seinem Aufsatzheft erschien und es auf den Tisch legte. Eigentlich hatte ich nur noch kurz meinen Freunden guten Tag sagen und dann schleunigst nach Hause fahren wollen.

Etwas erschrocken sah ich Michi an. „Du willst doch nicht etwa – heute am Sonntag?"

Fred, Michis Vater, lachte. „Da siehst du, was du angerichtet hast. Michi hat mir eben ganz begeistert von eurem Herbstspaziergang berichtet. Er will jetzt gleich an seinem Aufsatz weiterschreiben!"

„Ach du liebe Zeit", dachte ich, „wenn ich das geahnt hätte ..."

„Das war echt stark heute", sagte Michi und klappte das Heft auf. Dann strich er alles, was er am Vortag geschrieben hatte, von unten nach oben durch. „Und was willst du jetzt schreiben?", fragte ich.

„Der Herbst", sagte Michi leise vor sich hin, während er langsam Buchstaben für Buchstaben schrieb, „ist eine besonders schöne Jahreszeit. Der Wald ist gelb und rot und braun, die Tiere versorgen sich für den Winter und die Natur legt sich schlafen bis zum nächsten Frühjahr ...“

„Ist das richtig?“

Ich schreckte bei diesen Worten auf. Der Spaziergang hatte mich müde gemacht und das Kirschwasser, das Michis Vater mir eingeschenkt hatte, wärmte mich so wohlig, dass ich mich am liebsten schlafen gelegt hätte.

„Ich glaube schon“, sagte ich und unterdrückte mühsam ein Gähnen. „Nur ‚schön‘ schreibt man in der Mitte ohne ein h.“

„Aber sonst ist es richtig?“

„Ja, ganz sicher, es ist sehr gut, was du da schreibst. Mach nur weiter jetzt.“

„Weißt du was, Onkel?“ Seine Augen sahen mich erwartungsvoll an. „Am nächsten Sonntag machen wir das wieder ...“

Ulrike Chuchra

Winterspaziergang

Glitzernd liegen die verschneiten Felder in der Sonne und laden zu einem Spaziergang ein. Warm eingepackt in dicke Daunenjacken, geschützt durch Schal und Handschuhe, machen wir uns auf den Weg. Der Schnee knirscht unter unseren Füßen, und die klirrende Kälte lässt den Atem gefrieren. An Dachvorsprüngen und Autokarosserien hängen spitze Eiszapfen, durchsichtig wie Glas.

Wir lassen das Dorf hinter uns und stapfen über einen Feldweg. Der Schnee verwandelt die einzelnen Felder zu einer großen geschlossenen Fläche, deren weiße Reinheit die Augen blendet. Die Landschaft bekommt ein anderes Gesicht, wird zu einem Meer aus unzähligen, mikroskopisch kleinen Eiskristallen. Leichte Wellenformen lassen etwas von der Struktur des Bodens darunter erahnen. Ich staune über den herrlichen Anblick. Es ist, als hätte Gott die Landschaft unter einer riesigen weißen Decke zum Schlaf gebettet. So kann sich die Erde, die das Jahr über bearbeitet wurde und Frucht hervorgebracht hat, ausruhen und auf einen neuen Zyklus von Saat und Ernte vorbereiten. Der Winter erinnert mich daran, dass auch ich nicht ständig produktiv sein kann, sondern Zeiten der Regeneration brauche. Die Phasen, in denen ich scheinbar auf der Stelle trete und alles wie erstarrt wirkt, sind vielleicht nichts anderes als winterliche Pausen, in denen meine Seele neue Kräfte sammelt. Ich möchte lernen, sie als etwas Schönes und Wichtiges zu betrachten und so gut wie möglich zu genießen, so wie ich den Anblick der weißen Felder genieße.

Da und dort entdecken wir Spuren: Jemand hat einen Schlitten durch den Schnee gezogen, ein Hase ist am Waldrand entlanggehoppelt, andere Spaziergänger haben ein Feld überquert und einen schmalen Trampelpfad hinterlassen. Die Bäume neigen ihre schweren Zweige tief herab, und wenn man sie mit der ausgestreckten Hand berührt, regnet der Schnee als sanfter Schauer auf uns herunter.

Auf einer schmalen Landstraße marschieren

wir zurück nach Hause. Ihr Verlauf wird auf beiden Seiten der Fahrbahn durch schwarz-gelbe Schneeleitstäbe markiert, damit sich Räumfahrzeuge bei großem Schneefall oder schlimmen Verwehungen daran orientieren können. Ich fühle mich gut geführt.

Die Sonne sinkt nun schnell und es wird merklich kälter. Unwillkürlich beschleunigen wir unsere Schritte, um bald wieder im gemütlichen Wohnzimmer zu sein und uns bei einer Tasse Tee aufzuwärmen.

Quellenverzeichnis

Bleier, Bianka: Wo Himmel und Erde sich berühren. Meine Gartenleidenschaft. SCM Collection im SCM-Verlag GmbH & Co. KG, Witten [2]2011.
– Fellwechsel

Chuchra, Ulrike: Mein Landleben. SCM Collection im SCM-Verlag GmbH & Co. KG, Witten [2]2010.
– Königin der Blumen
– Winterspaziergang

Feldkirch, Walter: Der Pastor und der Elefant … und andere heiter-besinnliche Geschichten. SCM R.Brockhaus im SCM-Verlag GmbH & Co. KG, Witten 2003.
– Der Martini-Beutel
– Klingelbeutel
– Auf Schwäbisch gelobt

Kühner, Axel: Ein Lächeln macht die Runde. 55 heitere Episoden für fröhliche Christen. Neukirchener Aussaat, Neukirchen-Vluyn [3]2011.
– Ein Unglück kommt selten allein

Merckel-Braun, Martina: Tag für Tag an deiner Hand. Geschichten für 365 und einen Tag. SCM R.Brockhaus im SCM-Verlag GmbH & Co. KG, Witten 2005.
– Der Pestpfarrer von Annaberg
– Bruderliebe
– Ein Gott der Alltagsdinge … und ein echter „Nächster"

Prean-Bruni, Maria Luise (mit Constanze Nolting): Lola Gola. Loslassen – Gott lassen. SCM R.Brockhaus im SCM-Verlag GmbH & Co. KG, Witten ²2009.
– Gastfreundschaft in Rumänien
– Eine Schule in Uganda

Risch, Hannelore: Gott spricht – ich höre. Ermutigende Erlebnisse. SCM R.Brockhaus im SCM-Verlag GmbH & Co. KG, Witten 2010.
– Der 15. Mai (Auszug)
– Mein Alterssitz (Auszug)

Schmid, Wieland: Holundertage. Geschichten durch das Jahr. SCM R.Brockhaus im SCM-Verlag GmbH & Co. KG, Witten ²2008.
– Die peruanische Nackthaargrippe
– Auf herbstlicher Entdeckungstour

Schmidt, Hannelore; in: Brunhilde und Jürgen Blunk: Spät gefunden, reich beschenkt. Den Reichtum des Glaubens entdecken. SCM R.Brockhaus im SCM-Verlag GmbH & Co. KG, Witten 2009.
– Ich kann nicht hören, aber Gott hört mich

Strauch, Peter: Unterwegs erlebt. Alltagsgeschichten. SCM R.Brockhaus im SCM-Verlag GmbH & Co. KG, Witten [4]1987.
– Ein Mofa wurde gestohlen (Auszug)

Thomas, Gary: Alles. Für dich. Gottes Geschenke genießen. SCM R.Brockhaus im SCM-Verlag GmbH & Co. KG, Witten 2010.
– Der 15-Kilometer-Lauf

Van Haaften, Noor: Geschichten für zwischendurch. SCM R.Brockhaus im SCM-Verlag GmbH & Co. KG, Witten [4]2008.
– Streit im Auto
– Zum Sperrmüll gestellt …

Van Haaften, Noor: Neue Geschichten für zwischendurch. SCM R.Brockhaus im SCM-Verlag GmbH & Co. KG, Witten 2008.
– Begegnung in Zell am See
– Eine Antenne für Gott

Vredevelt, Pam: Espresso für die Seele.
Was Sie anregt und auf gute Gedanken bringt.
SCM Collection im SCM-Verlag GmbH
& CO. KG, Witten [3]2008.
– Flohmarkt-Schätze

Werth, Jürgen: Der Engel auf der Autobahn. Gewöhnliche und ungewöhnliche Geschichten und Erfahrungen. SCM R.Brockhaus im SCM-Verlag GmbH & Co. KG, Witten [3]2004.
– Mathe-Malheur
– Ansteckend gesund

Werth, Jürgen: Und jeden Tag erfindet Gott das Leben neu. Persönliche Geschichten, persönliche Lieder. SCM R.Brockhaus im SCM-Verlag GmbH & Co. KG, Witten 2008.
– Eigentlich …

Wiedemann, Rolf-Dieter (Hrsg.): Hilfe von oben. Erlebnisse mit Gott. SCM R.Brockhaus
im SCM-Verlag GmbH & Co. KG, Witten 2008.
– Eine Entschuldigung, die sich lohnte
– Engel am Steuer
– Gott kümmert sich auch um Tiere

Yaconelli, Mike: Der ungezähmte Glaube.
Warum Christsein ein Abenteuer ist.
SCM R.Brockhaus im SCM-Verlag GmbH
& Co. KG, Witten 1998.
– Der Fliesenleger
– Das Garten-Raumschiff